高齢社会の
福祉サービス

京極高宣　武川正吾──［編］

東京大学出版会

Social Services in an Aging Society

Takanobu KYOGOKU and Shogo TAKEGAWA, Editors

University of Tokyo Press, 2001
ISBN4-13-050147-X

まえがき

　日本における高齢社会にとって最大の問題の一つは介護問題である．しかしながら，介護問題は2000年4月の介護保険法の施行以降，高齢社会における課題，問題点が明らかになるにつれ，それ単体で解決できるものではないことが明らかとなった．その解決にあたっては，行政，家族，教育，雇用，生活環境等多角的，多面的な検討が必要である．

　本書はこのような問題意識のもと，現内閣府国民生活局内（旧経済企画庁物価局）の研究会（主査　京極高宣　日本社会事業大学学長，平成9年12月〜平成11年4月開催に設置された，「高齢社会を支える健康・福祉サービス等に関する研究会」）の報告書に基づいている．研究会では，少子・高齢社会に対応した健康・福祉サービスの質の向上と価格の適正化を図るための方策等について，基本的な検討を進めた．しかし，単に物価政策にとどまらずに，健康・福祉サービスの特性を踏まえつつ，全体的位置づけを明らかにした上で，さらに多角的観点から，サービスの供給主体，行政，家族，教育，雇用，生活環境の各分野を総合的に検討し，全体的なイメージを捉えられるよう，学際的な検討を行った．

　超高速の高齢化の進展に伴う，家族の変化，価値観の多元化等の環境変化により生じてくる課題に対処するためには，保健福祉分野の公私の役割分担という視点が重要となってくる．とりわけ，「財政」面と「供給」面を分離し，民間活力を積極的に活用していくことが，今後の社会保障構造改革のキーファクターになるであろう．このような論点を踏まえ，今後，わが国におけるより効率的・効果的な健康・介護サービスのあり方について検討を行うために，研究会では福祉社会の諸相である，家族・教育・雇用・住環境についても焦点をあて，討議を行った．また，その際には先進事例調査として，イギリス，デンマークにおける健康・福祉サービスに関

する海外調査，また，わが国の先進企業，自治体，組合等における健康・福祉サービスへの取り組みについてもヒアリング調査を実施し，その実態と課題について分析を行い，今後の展望を概観した．

　本書は二部から構成される．I部では，「福祉国家と福祉社会のパートナーシップ」に焦点があてられている．
　かつて「福祉国家から福祉社会へ」という問題設定で福祉社会に関する議論がなされたことがあるが，今日の少子高齢社会のもとでは，視角を改めて福祉国家と福祉社会の協働関係の方を論じることが重要となっている．そうした観点から，公共部門と民間部門のありかたについての基本問題について論じる．1章（武川）では，伝統的な国家・市民社会・家族のありかたの変化が社会サービスの分野に対してどのような影響を及ぼしてきているかについての考察を行いながら，公共部門の役割を取り上げる．2章（広井）では，従来とかく混同されてきた財政と供給について，財政と供給の分離という考え方に立ちながら，民間部門の役割について考える．
　II部では，「福祉社会の諸相」という視点で多角的な検討を行っている．
　3章（瀬地山）では，高齢社会を迎え，介護や福祉にまつわるさまざまなサービスは，家族という枠を離れて，外部化されざるを得ないので，現在のような過去に扶養控除など専業主婦優遇政策を廃して，主婦層や高齢者を納税主体にすると共に，福祉労働力のなかに組み込んでいく必要を論じている．ただそのままでは新たな低賃金労働力を作り出すだけになってしまうので，専門性を作り上げていく必要があるのだが，これを受けて4章（高木）では，その専門形成のあり方を巡り，単なる技術的熟達者ではなく，人びととのかかわりで仕事をする「反省的実践家」が目指されることとなる．さらに5章（川村）では，現在の経済や企業経営の趨勢をふまえて，女性や高齢者，障害者，外国人の雇用を進めていく際に重要な，「多文化組織」の考え方が提起される．6章（野村）では，障害者を孤立させないためのもうひとつのインフラとも言える住環境の問題が論じられ

る．最後に，7章（臼井）では補論として，イギリスおよびデンマークにおける健康・福祉サービスの事例が紹介されている．

　研究会の報告内容を本書のような形で公刊するにあたっては，各章，各執筆者の責任において，加筆・修正を施した．本書の内容は，研究会が独自の立場から行った研究をとりまとめたものを基礎としており，現内閣府国民生活局の見解を示すものでないことに留意されたい．報告書の作成に当たって尽力された，小峰隆夫前物価局長，事務局を担当し推進された，黒田晃敏，村上玉樹の両前物価管理室長，阿部暢夫，荒原清の両前物価管理室課長補佐，および佐和田猛，奥習仁（前物価管理室主査および事務官）の各氏に対しては研究会の主査として深甚の謝意を表したい．また，本書刊行に意を注がれた東京大学出版会編集部の黒田拓也氏，白崎孝造氏に対しても同様である．
　われわれ執筆者一同は，本書が，これからの高齢社会問題，福祉問題を考えていく上で，従来の単一科学的アプローチではなく学際的アプローチからいくつかの貢献をなしえることを強く期待している．

2001年4月

代表　京極高宣（日本社会事業大学学長）

目　次

まえがき

I部　福祉国家と福祉社会のパートナーシップ

1章　福祉社会の変容と健康・福祉サービス…武川正吾　3
- 1　グローバル化・消費化・超高齢化 …………………………… 4
- 2　福祉国家の再編 ………………………………………………… 6
  - 2.1 家族の縮小 6/ 2.2 国家の縮小 8/ 2.3 市民社会の拡大 10
- 3　福祉国家と福祉社会の協働 …………………………………… 13
  - 3.1 福祉社会の生成と新たな課題 13/ 3.2 公私関係 15/ 3.3 総合化 16/ 3.4 参加 19
- 4　公共部門の役割 ………………………………………………… 21

2章　医療・福祉サービスの供給主体 ……………広井良典　27
──「財政─供給」と公私の役割分担──

- はじめに ……………………………………………………………… 28
- 1　医療・福祉サービスにおける財政と供給 …………………… 31
  - 1.1 財政と供給 31/ 1.2 医療の場合 33/ 1.3 医療と福祉の比較 34
- 2　「擬似市場」の評価と方向性 ………………………………… 35
  - 2.1 擬似市場をめぐる論点 36/ 2.2 擬似市場の全体的な評価 39/ 2.3 医療と福祉の比較 40
- 3　これからの福祉の全体像 ……………………………………… 41
  ──「新しいコミュニティ」の位置づけを含めて

補　論——「メリット財」をめぐる論点と公私の役割分担 …………………… 44

II部　福祉社会の諸相——家族・教育・雇用・住環境——

3章　高齢社会と家族 …………………………… 瀬地山角　51
——労働力生産システムの転換へ向けて——

1　労働力再生システムの転換期 ……………………………………… 52
　　1.1 近代の労働力再生産システム 52/ 1.2 高度成長期 53/ 1.3 主婦の位置（豊かな主婦たち）54/ 1.4 主婦（保護）の終焉？（もはや合理性はない）57

2　新たな労働力生産システムに向けて ……………………………… 59
　　2.1 制度の方向性 59/ 2.2 高齢社会が来ない方法？（60代現役制）61/ 2.3 保護の撤廃と主婦の労働力化 63/ 2.4 労働力のリサイクル問題 66/ 2.5 企業社会の変化 68

3　高齢社会にまつわる新たなサービス ……………………………… 69
　　3.1 あらたな福祉労働力 69/ 3.2 介護福祉サービスの事業者と価格 72

4　まとめ——高齢社会を乗り切る戦略 ……………………………… 74

4章　介護労働者の専門的力量形成 …………… 高木光太郎　77

1　問　題 ………………………………………………………………… 78

2　介護労働者の専門的力量の特質 …………………………………… 78
　　2.1 介護労働の「生活モデル」78/ 2.2 生活の連続性への視線 79/ 2.3 反省的実践家としての介護労働者 83

3　専門的力量形成の場としての介護実践 …………………………… 84

4　介護労働者の専門的力量形成を支える諸条件 …………………… 89

5章　高齢社会における企業と雇用 ………川村尚也　91
　　　——多文化組織における知の創造——

1　わが国における高齢者雇用の特徴と政策対応 ………… 92
2　高齢社会・日本における産業・企業の課題 …………… 93
　　2.1 国際競争強化への取り組み 93/ 2.2 高齢社会・日本の潜在的アジェンダ 97
3　産業・企業の知識創造力の強化に向けた多文化組織の構築 ……………………………………………………………100
　　3.1 多文化組織の意義 101/ 3.2 多文化組織の効用と阻害要因 103
4　国内外における多文化組織構築への取り組み事例 ……107
　　4.1 ホンダ太陽株式会社における多文化組織構築への取り組み 107/ 4.2 エイジ・コンサーン・イングランドによるエンプロイヤーズ・フォーラム・オン・エイジの取り組み 111/ 4.3 ネストヴェ市による遠隔教育への取り組み 113
5　多文化組織構築に向けた諸課題 ……………………………115
　　5.1 組織レベルの課題 115/ 5.2 社会レベルの課題 119

6章　バリアフリー生活環境 …………………野村みどり　125

1　バリアフリー生活環境整備の要件 ………………………126
　　1.1 バリアとバリアフリーの明確化 126/ 1.2 ハンディキャップは社会の問題 126/ 1.3 人間工学に基づくバリアフリーデザイン 128
2　ハウスアダプテーションのシステム化 …………………131
　　2.1 ハウスアダプテーションとは 131/ 2.2 イギリスのハウスアダプテーションと住宅改善 132/ 2.3 地域に密着した住宅改善機関の支援 135/ 2.4 ハウスアダプテーション実施上の留意点 137/ 2.5 日本のハウスアダプテーションにおける問題・課題・対策 137
3　生涯にわたる，障害をもつ人びととの生活環境サポートシステム ……………………………………………………………139

3.1 生活環境サポートシステム 139/ 3.2 個別ケア体制によるハード・ソフトの環境整備促進 140/ 3.3 小規模化，複合化，地域分散施設の整備 142/ 3.4 子どものためのあそび環境 142

補論　イギリスおよびデンマークにおける 健康・福祉サービス……………………………臼井純子　149

1. エイジ・コンサーン・イングランド（英国）……………150
2. 全国介護ホーム協会（英国）……………………………154
3. 全国コミューン連合（デンマーク）………………………157
4. ロドオア・コミューン（デンマーク）における高齢者審議会……………………………………………………162

索　引……………………………………………………………167

I 部
福祉国家と福祉社会のパートナーシップ

I 部

福祉国家と積祉社会の
イメージ

1章
福祉社会の変容と健康・福祉サービス

武川正吾

1 グローバル化・消費化・超高齢化

いまから10年以上前，21世紀の日本を展望するために，未来学的な予測を行った報告書が，多数刊行されたことがある．その際，予測の前提として置かれたメガ・トレンドは，国際化・情報化・高齢化である場合が多かった．政府も国際化，情報化，高齢化という3つの鍵概念を標題や副題に掲げた報告書をいくつか出版した．例えば，経済企画庁総合計画局が1982年に編集・刊行した『2000年の日本シリーズ』の1冊目の副題は「国際化，高齢化，成熟化に備えて」であった．

これらの趨勢は，21世紀初頭の今日でも，基本的には続いていると考えられる．しかし，その様相は，多少変化してきている．

国際化（internationalization）とは，国（nation）と国（nation）との間（inter）の関係が重要になってくるということである．たしかに今日でも，二国間・多国間における国際関係が，その意義を増しつつあるのは事実である．日米関係やWTO（世界貿易機関）の動きは，われわれの生活を直撃する．しかし今日では，こうした国と国との間の問題だけでなく，それを超えたグローバルな問題が出現し，それがわれわれの生活を翻弄するようになっている．地球環境問題はこうした問題の最たる例であろう．また，国境を越えた資本の動きは，もはや各国政府の制御の限界を超えてしまった．今日のこうした事態は，単に「国際化」というよりは，「グローバル化」と表現した方が適切であり，実際，そうなってきている．

従来，健康・福祉サービスを扱う社会政策は，各国政府の自由裁量の下にあり，国内管轄事項だと考えられてきた．ところがグローバル化した世界のなかでは，安全保障問題や地球環境問題だけでなく，国民の福祉に関する問題も，もはや純然たる国内問題とは呼べなくなっている．例えば，ドイツやスウェーデンのように80年代までは高福祉高負担の政策を採りながら，経済的成功を収めてきた国々も，90年代に入ってからは，国際競争圧力のため，従前の政策の変更を余儀なくされるようになった（武川，

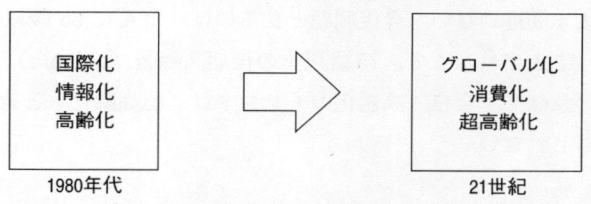

図1 健康・社会サービスを取り巻くメガ・トレンド

1999c).

また,情報化については,80年代に比べていっそうの進展がみられるようになっている.当時,インターネットは,大学や研究所の一部の研究者のものでしかなかったが,今日では多くの家庭のなかに入り込んでいる.また,健康・福祉サービスとの関連でいうと,こうした情報技術の革新だけでなく,これに基づく「消費化」といった点にも注意を払わなければならないだろう(見田,1996).かつての少品種大量生産の時代にあっては,通常の私的財やサービスも画一的なものであったから,健康・福祉サービスが画一主義的に供給されたとしても格別の違和感はなかった.ところが情報技術の発展によって多品種少量生産が経済的に可能となってくると,これらの領域でも,フレキシビリティが求められるようになってくる.90年代に入ってから日本では長期の不況が続き,消費が冷え込んでいるため,こうした視点は後景に退きがちだが,長期的にみれば,このトレンドは不可逆的である.

高齢化については,とくに質的な変化が生じたとはいえないかもしれない(もっとも高齢化ということだけではなくて,出生率の低下にともなう少子化が高齢化とセットで考えられるようになってきた,という点は20年前とは異なる点である.しかし,少子化と高齢化は同じコインの裏表である).20年以上前から人口の高齢化については予測されており,実際,日本社会は着実に高齢化してきた.もっとも結婚や出生に関する家族の変容を楽観視していたために,高齢化の程度を過小に見積もってしまったということはある.しかし,こうした高齢化の趨勢が今後2,30年続くとい

うことはまず間違いない．今後問題となるのは，たんに65歳以上人口の増加ということではなくて，75歳以上の後期高齢層（old old）の増加である．その意味で，今日，高齢化のトレンドは「超高齢化」と表現した方が適切かもしれない．

2　福祉国家の再編

このようなグローバル化・消費化・超高齢化といったメガ・トレンドのなかで，福祉国家の再編が進んでいる，というのが，健康・福祉サービスを取り巻く今日的状況である[1]．この問題を，ここでは家族・市民社会・国家といった古典的な三分法によって整理しておこう．

健康や福祉の問題に関して，これら3つの領域のなかでは，これまで国家と家族が大きな役割を果たしてきた．健康・福祉サービスが必要となったとき，この必要を充たすのは家族であり，家族による問題解決が困難な場合には国家が登場する，というのが一般的なパターンであった．ところが今日，こうしたパターンが崩れつつあり，新たなパターンを作り出さなければならなくなっている．

2.1　家族の縮小

福祉国家は，近代核家族，すなわち夫が家計支持者となって妻と未婚子を扶養する，という安定した家族形態を前提として成り立っていた．第二次大戦後の社会保障のバイブルとなった『ベヴァリジ報告』（Beveridge,

---

[1] 日本がそもそも福祉国家か否かということが規範レベルで議論されることがあるが，社会支出の規模といった客観的指標で見る限り，70年代以降の日本が福祉国家であることはまちがいない．もっとも欧州の福祉国家諸国と日本との間には，福祉国家化の開始時期に約四半世紀のタイムラグがありながら，1980年前後のいわゆる「福祉国家の危機」（OECD, 1981）については，ほぼ同時に経験した．このため日本が福祉国家であるという事実が容易には受け入れがたくなった，といった事情はあるかもしれない（武川，1999c : chap. 5）．

1章　福祉社会の変容と健康・福祉サービス　　　7

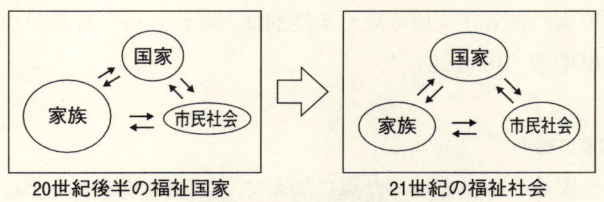

図2　福祉国家の再編

1942) が，そうした前提に立脚していたことはよく知られているとおりである（Loney, Boswell and Clarke, 1983：2章）．

　しかし，その後，先進諸国では，そうした近代家族は変容を遂げた．女性の労働力率が高まり，妻の経済的自立度は高まった．このため離婚率も上昇し，家族は流動的となった．また，法律婚を望まないカップルも増加した．これらの変化は，当然，人びとの家族に対する意識の変化をともなった．その結果，今日では，家族に対して過大な期待を抱くことは困難となっている（山田，1994）．

　これに対して，こうした家族変容は欧米諸国のものであり，「日本の家族は特別だ」という意見もわが国では相当根強い．日本では三世代の同居率が高く，離婚率も低かった．女性の労働力率も欧米諸国に比べると低く，典型的なM字曲線を描いている．このため日本の家族における同居慣行は「福祉における含み資産」（厚生省，1978：91）とまで言われたことがある．政府の研究会が「家庭基盤充実」といった提言を行ったこともあった（内閣官房，1980）．

　しかし，80年代90年代を通じて日本の家族も大きく変化を遂げた．「ポストモダン家族」という言葉も生まれた．欧米諸国の家族の変化に比べると，日本の変化にはタイムラグがあるから，現時点で，日本の家族と欧米諸国の家族を比較すれば，たしかに日本の家族の特殊性を指摘することはできる．しかし，今日の日本の家族が70年代の家族と相当異なったものとなっていることは認めざるをえない．また，産業化や福祉国家化のタイムラグのことを考えれば，家族の変化におけるタイムラグは驚くに当

らない．厚生白書も「家族の果たす役割は，変わりつつある」ことを遂に認めた（厚生省，1996：8）．

2.2 国家の縮小

こうした家族の縮小といった点に加えて，国家の領域における相対的な縮小といったことも，福祉国家の再編を考えるさいには，ふれておかなければならない論点である．

福祉国家は大規模な社会支出を行う．しかし政府の財源調達能力を超えてこれを拡大することはできない．80年代初頭のいわゆる「福祉国家の危機」（OECD, 1981）以来，先進諸国では，財政需要をまかなうだけの経済成長を確保することができず，社会支出の抑制を試みるようになった．このため国家領域の相対的縮小が公共政策の議題として上程されるようになり，「福祉国家から福祉社会へ」といったスローガンが叫ばれるようになった．

こうした財政的理由による国家の縮小は，経済成長が再び回復すれば，福祉国家も再び成長するということを含意している．しかし福祉国家の再編の問題は，このような財政的限界といった問題だけではなく，もう少し質的な問題を含んでいる（武川，1999c：chap. 3）．

そのひとつは，福祉国家が，すでに述べた情報化＝消費化の進展にともなって人びとの間で生まれてきたフレキシビリティ要求にうまく応えられなくなってきている，ということである．

福祉国家におけるフレキシビリティの問題は，従来，社会政策のなかでも労働政策の領域で主に論じられてきた．すなわち解雇規制，労働時間，賃金などの労働条件の柔軟化の問題である．こうした労働市場におけるフレキシビリティが先進諸国で問題となる背景として，一方には，グローバル化による「大競争時代」の到来といったことがあるが，他方には，情報化＝消費化を通じた消費欲求の高次化といった事態がある．いずれにせよ，それは人びとの生活のなかでは生産の場面における問題であった．

しかし，消費の場面におけるフレキシビリティの問題についても注意を払わなければならない．福祉国家では，多くの社会サービスが政府によって直接供給される．ところが，それらは，フレキシビリティを欠いているために，人びとの消費欲求を十分充たすことができない場合が少なくない．例えば，住宅都市整備公団（現都市基盤整備公団）の分譲住宅が大量に売れ残った，というのは，この問題の象徴的出来事であろう．

　このように大量生産・大量消費の時代には問題とならなかったことが，今日，改めて問題となっている．しかし，これは，ある意味でやむをえないことである．というのは，政府が説明責任を負わなければならないのは，消費者や利用者に対してというよりは，納税者や有権者に対してであり，結果として，政府部門は，民間部門の供給者ほどには，消費者・利用者の選好を尊重しない傾向にあるからである．

　もうひとつの重要な問題は，福祉国家の施策は，パターナリズムから逃れることができない，というものである．福祉国家の社会サービスは，政府が行うという性質上，権力と強制をともないがちである（Hayek, 1960）．また，福祉国家の社会サービスには専門的なものも多く，いわゆる「専門家支配」（Friedson, 1970）をともないやすい．こうした二重の権力によって，福祉国家の下では，消費者や利用者の自由は奪われかねない．とりわけ自己決定や自己責任が重視される社会のなかでは，福祉国家のパターナリズムは回避されなければならない．

　財源調達能力，インフレキシビリティ，パターナリズムといった点から，福祉国家の限界が認識されるようになり，福祉国家の再編が求められているというのが今日の事態であろう．そうしたなかで，国家は相対的に縮小していかざるをえないだろう．しかし，それは家族の縮小とは違って，あくまで相対的なものである．したがって絶対的にみると，政府部門が拡大していくということもありうる．

2.3 市民社会の拡大

これに対して，市民社会の領域では，健康・福祉サービスに関する活動量が相対的には拡大しつつある．もともと伝統的な福祉国家の下では，家族や国家に比べると，市民社会に属する諸セクターの活動の余地は乏しかった．しかし家族と国家の縮小のなかで，これらの隙間を埋めるものとして，市民社会における諸セクターが健康・福祉におけるサービスの供給量を増やしつつある．出発点が小さかっただけに，その成長の度合いは大きい．

市民社会は大きく2つに分けて考えることができる．市場とボランタリズムである．社会政策学者のティトマスは，交換と利己主義（egoism）によって律せられる通常の市場を「経済的市場」，贈与と利他主義（altruism）によって律せられる領域を「社会的市場」と呼んで区別しているが（Titmuss, 1976 : chap. 1)，このうち「社会的市場」がここでいうボランタリズムに該当する．もっともティトマスの場合は，「社会的市場」は政府部門にも及んでいるので，「社会的市場」のうちの非政府部門というべきかもしれない．

市場において健康・福祉サービスを供給するのは，主として，民間企業である．民間企業に対しても，消費者の欲望を操作しているという批判（ガルブレイスの「依存効果」）や，政府に劣らない官僚化が進行しているという指摘がなされることもある．しかし，概して，民間企業の方が政府より，消費者の需要に対して敏感であり，行動も機動的である．とりわけ「隙間戦略」（niche strategy）を採る小企業の場合にはこうしたことが当てはまる．

伝統的な福祉国家の下では，健康・福祉サービスはビジネスとして成り立ちがたかった．健康・福祉サービスは労働集約的であるために高価格となりがちであり，民間企業は，無償労働（unpaid work）として供給される家事労働に対して，価格の面で太刀打ちできなかった．しかし技術革新による価格の低下や，消費者の購買力の拡大によって，近年では，健康・

福祉サービスがビジネスとして成立する可能性が高くなった．とりわけ公的年金の成熟にともない，高齢者の所得水準が上昇してきたことの意義が大きい．また，介護保険の立ち上げによって介護サービスの準市場が成立し，これによって，介護のビジネスとしての成立が見込まれるようになったという事情もある．

　ボランタリズムの領域において健康・福祉サービスを供給するのは，主として，民間非営利団体である．今日の日本では，これらに対してNPOという名称が定着するようになった（電通総研，1996）．NPOの活動は，環境，文化，福祉と多岐にわたるが，福祉NPOは，各種NPOのなかでは比較的大きなウェイトを占めている．健康・福祉サービスの供給においても，NPOは，今日，成長セクターとして期待されている（全国社会福祉協議会，1994）．その成長の可能性については，まだ未知の部分が大きいが，それが新しい現象であるということはまちがいない．

　NPOは，生産者と消費者が近接しているために，中央・地方の政府に比べて，パターナリズムやインフレキシビリティに陥る危険が少ない．「官僚制の逆機能」（Merton, 1957）とも呼ばれる形式主義や硬直性から比較的自由であるといった事情もある．

　また，民間企業と比べても，この点に関してすぐれているとの指摘もある．すなわち「企業は情報の面で消費者に圧倒的に有利であり，それに対して住民の代表によってガバナンス（組織統治）を左右している非営利組織の場合，提供側と需要側との情報ギャップが少ない」（武智，1997：221）というのである．

　さらにまた，民間企業が，その性質上，消費者の有効需要に対してしか反応しえないのに対して，NPOは社会的必要[2]の見地に立った行動を起こしうるといった利点もある（電通総研，1996）．

　伝統的な福祉国家の下でも，民間非営利部門は一定の役割を果たしてき

2）　必要と需要の相違については，大山・武川（1991）および武川（2001）を参照．

た．公共部門が大きな役割を果たしている福祉先進国であっても，健康・福祉サービスについては，例えばドイツのように，民間非営利団体による供給が大きな割合を占めることが少なくない．わが国でも，病院や社会福祉施設の多くは，医療法人や社会福祉法人など，民間の公益法人であった．

　しかし，これらの伝統的な民間部門は，慈恵的であるとともに，民間とはいえ公共部門の延長上でとらえられてきた．とくに福祉サービスの場合に，それが顕著である．日本では，社会福祉法人は篤志家の慈善活動として創設される場合が多い．また，一度設立された法人は，措置制度のなかで，行政による保護と規制の下に置かれる場合が少なくなかった．このため，これまでの民間部門は，行政の代行機関や下請機関としての性格を拭えなかった（もっとも，こうした点に対する反省から，社会福祉基礎構造改革のような試みがなされ，社会福祉事業法が改正されて，社会福祉法が成立した．旧来型の民間部門も，今後，その性格を変えていく可能性はある）．

　しかし，今日，その成長が期待されているのは，こうした伝統的な民間部門というよりは，市民の自発的諸活動のなかから生成されてきた諸団体である．こうした新しいタイプの民間活動こそが，福祉国家のインフレキシビリティやパターナリズムを克服しうる可能性を秘めていると考えられるからだ．また，繁文縟礼や温情主義に陥りがちな伝統的な民間団体も，その性格の転換が望まれている．

　NPOやボランティア活動が日本社会で脚光を浴びるようになった直接的なきっかけは，1995年の阪神・淡路大震災であった．しかし，その背後には，1980年代以来の日本の社会変動がある．家族の変化や人びとの意識の変化を通じて，自発的な市民活動が生まれた．伝統的ボランティアは「中年の中流階級の女性」としてステレオタイプ化されたが，今日のボランティア活動は，家事労働や賃金労働を含む労働一般との関連でとらえられなければならなくなってきている（武川，1999c：chap. 4）．

3 福祉国家と福祉社会の協働

3.1 福祉社会の生成と新たな課題

このように，家族の縮小，国家の（相対的な）縮小，市民社会の拡大，といったトレンドのなかで，現在，福祉国家の再編が進んでいると考えることができる．そして，この福祉国家の再編は，福祉社会の生成をともなう（武川，1999b，2000）．

従来，福祉社会に関する問題は，「福祉国家から福祉社会へ」というコンテクストのなかで語られてきた．そこには「福祉国家の限界」という問題が横たわっていたからである．1980年代の前半に「日本型福祉社会論」と呼ばれる議論が脚光を浴びたことがあったが，この場合の福祉社会は，福祉国家の否定のうえに成り立つものであった（自由民主党，1979）．

しかし，今日では，福祉社会を論ずることは必ずしも福祉国家の否定を意味しない．むしろ福祉社会が福祉国家に取って代わると考えることには大きな困難がともなう．

というのは，第1に，健康・福祉サービスの場合，通常の私的財と同じような市場を期待することは困難だからである．80年代以来の先進諸国における社会サービスの民営化の実験の結果明らかとなったことは，公共部門の支えなしに社会サービスの市場が自立的に存在することはありえない，ということだった（武川，1990，1991，1999a）．

また，第2に，その拡大が期待されている民間非営利部門の場合も，それが一定の規模に達するためには，公共部門による条件整備が必要である．今日，ボランタリズムといえども，公共部門の提供するインフラストラクチャーなしに十分な活動を行うことはできない．事実，大規模なNPOセクターが存在している国では，政府によるNPOセクターへの助成が存在している．

したがって，福祉社会は福祉国家による下支えがなければ十分な展開をすることは困難だと見なければならない．また反対に，かつてロブソンが

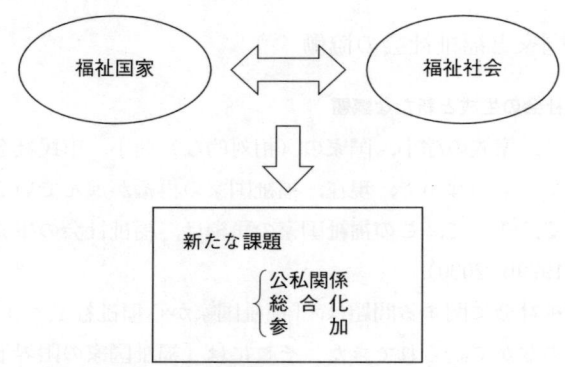

図3 福祉国家と福祉社会のパートナーシップ

強調したように，人びとが福祉コンシャスになっているという意味で，福祉社会が成立していなければ，福祉国家の成立は困難である（Robson, 1976）．したがって問題は，「福祉国家から福祉社会へ」というよりは，むしろ「福祉国家と福祉社会の協働」ということになるだろう（武川，2000）．

とはいえ，この場合の福祉国家は伝統的な福祉国家とは異ならざるをえない．伝統的な福祉国家では，インフレキシビリティやパターナリズムの問題に応えることができないからである．また，福祉社会の方も，かつての日本型福祉社会論に見られたように，家族や企業福利を過大に評価するものであってはならない．それでは80年代以降の日本社会の変動を無視することになってしまう．ここでいうパートナーシップは，再編後の新しい福祉国家と，生成中の新しい福祉社会との間のそれである．

このような福祉国家と福祉社会との間のパートナーシップを確立するうえで考慮しておかなければならない問題がいくつかある．ここでは，そのうちの(1)公私関係，(2)総合化，(3)参加といった3つの問題について，検討しておこう．これら3つの問題は，福祉国家と福祉社会とのパートナーシップを確立するうえで，とりわけ行政が解決しておかなければならない課題を示しているように思われる．

3.2 公私関係

　公私関係は，健康・福祉サービスにおいて公私の役割分担をどのように考えていくべきかという問題である．純粋な福祉国家や純粋な福祉社会では，この問題は発生しない．それは，福祉国家を支えにして福祉社会をいかに展開させるかという問題意識に立ったときにはじめて現れる．

　公私の選択基準に関する古典的理論としては，ウェッブ夫妻によって定式化された，いわゆる「平行棒理論」（parallel bars theory）と「繰り出し梯子理論」（extension ladder theory）が著名である（Johnson, 1981：114-115）．前者は，公共部門と民間部門はそれぞれ別個の対象者に対してサービスを行う，というものである．この理論を現代的なコンテクストのなかで読み替えると，高所得層に対しては民間部門が，低所得層に対しては公共部門がサービスを平行的に供給する，ということになるだろう．これに対して，後者は，公共部門が国民全体に共通するサービスを供給し，民間部門は，繰り出し梯子のように，公共部門のサービスに追加的な供給を行う，というものである．

　繰り出し梯子理論は，ナショナルミニマムの考え方につながるものであり，福祉国家における公私の役割分担の考え方のひとつの原型となった．公的年金と私的年金との関係や，公的医療保険と私的医療保険との関係などは，この理論に基づいている．しかし福祉国家のなかでも，住宅供給などは，平行棒理論に近い考え方に基づいている．

　健康・福祉サービスの領域でも，公的介護保険が制度化されることによって，年金や医療のような繰り出し梯子理論的状況が生まれることになるだろう．繰り出し梯子理論的な公私関係は，国民を，公共サービス利用者と民間サービス利用者に階層分化させないというメリットがあり，この点では今日でも意味があると思われる．しかし，それは財源に限った話であって，供給主体に関しては，繰り出し梯子でも平行棒でもない多元的状況の方が，効率という点から見ると好ましいかもしれない．

　国家の縮小と市民社会の拡大というトレンドのなかでは，財源はともか

く供給に関しては，公共部門はなるべく手を引いた方がよい，という考え方もありうる．例えば，イギリスの地方自治論のなかでは，自治体はサービス供給主体（Provider）としての役割を放棄し，みずからの役割をイネイブラー（Enabler）――条件整備主体と訳されることが多い――に限定すべきだという考え方が提唱されたことがあった．

しかし日本の場合，健康・福祉サービスの領域で，プロバイダーとしての公共部門の役割を全否定することは現実的でない．民間部門のプロバイダーが存在しない分野や地域は存在しており，そのようなところでは公共部門によるサービスの提供が必要となる．と同時に，あまりにも大きな公共部門の存在は，プロバイダー間の競争を妨げ，サービスの質や効率にとって，必ずしもよい結果を生まないだろう．日本はこれまで，ヨーロッパ諸国ともアメリカとも異なり，医療，高等教育，放送，鉄道など多くの公共的サービスの分野で，公共部門と民間部門が併存してやってきた．健康・福祉サービスの分野でも，こうした公私関係が形成されるかもしれない．

3.3 総合化

総合化は，健康・福祉サービスの内部で，また，健康・福祉サービスと他の社会サービスとのあいだの総合や統合をいかに達成するかという問題である．健康・福祉サービスにおける総合化の必要性は相当長期間に及んで叫ばれ続けている（武川，1997）．

健康・福祉サービスにおいて，とりわけ総合化が必要となるのは，第一に，サービスが断片化していると，サービスの効果を著しく損なうからである．人間の生活は連続的であり全体的であるのに対して，サービスの方は，人間をカテゴリカルに分類して，非連続的なサービスを提供する．このためサービス利用者は各サービス間をしばしば「盥回し」にされることになる．

例えば，京極高宣は「短い老後に三回もタライまわしされる」例として，次のような事例をあげている．「地域社会のひとり暮らし老人が身体が弱

ってくると、家庭奉仕員を派遣してもらうか、あるいは養護老人ホームに措置されることになるが、障害程度が重くなると、いずれの場合も特別養護老人ホームに移管させられ、さらに最終的には病院に入院させられるのが通例である.」(京極, 1990 : 217)

第2に、サービスが断片化され、総合化されないと、サービス利用者の間で著しい不公正が生じる. サービスが組織化され総合化されていない場合、利用者の必要に応じてではなく、偶然的な理由によって、サービスが利用できたり利用できなかったりするということが起こる. また、類似のサービスを利用していても、どの制度を利用するかによって費用負担に大きな差が出てくる場合がある.

第3に、サービスが断片化され、総合化されないと、サービス供給に不効率が発生する可能性がある. 資源の稀少性という条件の下では、人びとが必要とする資源は不足しがちである. このため供給されるサービスの間で重複や遺漏があると、効率が損なわれることになる. いわゆる「社会的入院」は、医療と福祉の総合化がうまくいかないために生じた、社会サービス間の不均衡の例である.

総合化はサービスの供給が一元化されれば容易に達成することができる. したがって、以上の問題は、サービスが公共部門によって独占的に供給されれば、ある程度解決されるかもしれない. しかし国家の縮小と市民社会の拡大というトレンドのなかでは、それはできないし、また、好ましいことでもない. このため総合化は、サービス供給の多元化や混合化といった要請と両立可能な形で追求されなければならない.

ところで総合化と一口で言っても、そこには諸サービスの結合の度合いに応じていくつかの段階がある（武川, 1997）. 最も原初的な段階は、サービス供給者間の「連絡」であり、そこでは各プロバイダーが互いにその存在を認知し、情報の交換を行うことになる. 第2段階は「調整」と呼ばれるものであり、そこではプロバイダー間の情報交換によって、一定の行為（action）が派生する. その結果、サービスの重複、非両立、過不足な

どの解消される可能性が高まる．第3段階は「連携」や「協働」とも呼ばれる「協力」の形態である．この段階では，諸サービスの結合の障害を除去するだけでなく，さらに目的の共有とサービス間の有機的つながりが追求される．第4段階は「統合」であり，そこではプロバイダーが統一され，一元的（monolithic）なサービス供給が行われる．

　他の条件が一定であれば，総合化は，段階が進むにつれて，それだけ効果が上がることになる．しかし「統合」の段階は，多元化や混合化の要請とは両立しない．したがって，福祉社会という条件の下で追求されるべき総合化は，第2段階の「調整」または第3段階の「協力」(「連携」・「協働」)ということになるだろう．このため「調整」や「協力」のための条件整備というのは，行政の重要な仕事となる．

　最後に総合化との関係でふれておきたい点は，民間部門によるサービスの一元的供給についてである．公共部門による一元化の可能性は乏しいが，民間部門のなかで，ひとつのプロバイダーがいわばコングロマリット的に医療や健康・福祉サービスを供給することはありうる（二木，1998）．これはある意味で，民間主導によるサービスの「統合」の実現といえる．こうした形態の統合は，多元化や混合化と矛盾することがないから，むしろ好ましい総合化の形態ともいえる．

　この点については，まだ未知のところが多い．各コングロマリット間の競争が行われれば，多元化の要請とも両立し，かつ，効率の達成もはかることができるかもしれない．しかし，他方で，それは，いわゆるケイレツ的な要素を健康・福祉サービスのなかに持ち込む可能性もある．「系列取引」は市場の効率を損なうという批判が少なくない．また，消費者や利用者の観点からするならば，こうしたコングロマリットは，健康・福祉サービスにおける「抱き合わせ販売」の危険ももっており，公正な取引を阻害する可能性もある．この点については，もう少し，時間をかけて見極める必要があるかもしれない．

3.4 参加

　参加は，健康・福祉サービスの供給において，利用者や消費者の自己決定をいかに保障すべきかという問題である．ここで参加が問題となるのは，健康・福祉サービスが通常の私的な財やサービスと異なる性質を有しているからである．

　まず，健康・福祉サービスの場合，純粋な私的財として供給することは困難であり，このため公共部門による相当な関与が必要となってくる．公共部門が直接のプロバイダーとなる場合もあるし，公共部門が社会計画などの手段を用いて，民間部門の供給に対して規制を加える場合もある．いずれにせよ公共部門による関与は，官僚制に特有な権力現象をともないがちである．

　また，健康・福祉サービスの場合，専門家である生産者と素人である消費者の間に情報格差のあることが多く，市場を通じた供給であっても，通常の私的財に比べて，消費者主権が働きにくい．

　参加それ自体については，非常に長い論争の歴史がある．しかし他方で，新しい状況のなかで，比較的新しい論点も出てきている（武川，1996，1998）．そうした新旧の論点を取り混ぜて，福祉社会における参加原則を整理してみると，表1のようになるだろう．以下，それぞれについて簡単に説明しておこう．

　健康・福祉サービスは，政治システムの関与する度合いが一般のサービ

表1　福祉国家と福祉社会における参加原則

　a．政治システム
　　(1) 直接参加の原則
　　(2) アドボカシーの原則
　b．社会サービスの供給システム
　　(3) 選択の自由の原則
　　(4) エンパワーメントの原則
　c．社会サービス供給のミクロ状況
　　(5) 直感的必要の原則
　　(6) 説明と同意の原則

スに比べて大きいから，政治システムにおける参加を実現することが大前提となる．政治システムにおける参加は，民主主義をめぐる議論にまで遡ることができる．その意味で参加は非常に古い問題である．しかし，こうした古典的な議論に加えて，1970年代以降，社会計画における参加をめぐる議論のなかで，新しい原則も提唱されるようになった（西尾，1975）．

これらのうちで，とりわけ注目すべきなのは，「直接参加」の原則であろう．この原則は古典的な代議制民主主義に対する反省のなかで生まれた．1970年代に，先進諸国では，開発計画をめぐる紛争のなかで，代議制民主主義の機能不全が指摘されるようになり，代議制民主主義は，何らかの直接参加によって補完されなければならない，と考えられるようになった．

直接参加は，自立した平均的市民の存在を前提としている．このため何らかの事情によって社会的に傷つきやすい（vulnerable）状態にある人びとは，専門家をはじめとする非当事者の助力や代理なしに，政治システムにおいて直接参加をすることが困難である．こうした助力や代理を確保することが，ここでいう「アドボカシー」（advocacy）の原則である．

政治システムに加えて，健康・福祉サービスの供給システムにおいても，専門主義の弊害を取り除くための参加の原則が確立される必要がある．健康・福祉サービスの供給において，人びとの自己決定の可能性を高めるために，利用者のオプションを可能な限り広げる，というのが，ここでいう「選択の自由」の原則である．市場は，参加の観点からするならば，こうした選択の自由を確保するためのシステムとしての意義が大きい．

第4の「エンパワーメント」（empowerment）の原則は，社会サービスの供給に際して，利用者に，市場を介さない直接的な権力（power）を付与するというものである．市場は，貨幣というメディアを通じて制御されるシステムであるから，このメディアを入手しえない人びとにとっては存在しないに等しい．このため，選択の自由の原則は，エンパワーメントの原則によって補完される必要がある．

第5の「直感的必要」（felt need）の原則は，健康・福祉サービスの利

用される現場において，利用者が感じ取った必要を可能な限り尊重する，というものである．これまで利用者の抱く直感的必要は，主観的なものとして斥けられる傾向にあったが，こうした直感的必要に対して十分注意を払うべきだ，というのが，ここでいう直感的必要の原則である（武川，1996）．

第6の「説明と同意」（informed consent）の原則は，健康・福祉サービスの提供のなかで専門家は素人に対して，十分な説明を与えたうえで，消費者の同意を得なければならない，というものである．直感的必要をいかに尊重しようとも，そこにはおのずと限界がある．こうした限界を超えた点において，専門家はみずからの専門性だけに依拠して仕事をするのではなく，利用者の合意を得なければならない．この原則は，本来，医療における人体実験のなかから生まれてきたが，専門性が関係する領域にはすべて当てはまる普遍性をもっている．

4 公共部門の役割

以上でみてきたように，福祉国家の再編というトレンドのなかで，現在，福祉国家と福祉社会の新たなパートナーシップを確立することが求められている．そして，そのためには，公私関係，総合化，参加といった新たな課題が達成されなければならない．こうした状況のなかでは，健康・福祉サービスをめぐって，公共部門が果たしていかなければならない役割は，以下の3つに要約できるものと思われる．

第1は，コーディネーター（調整者）としての役割である．多元化と混合化のなかで総合化を進めるためには，一元的供給による総合化よりも「連携」や「協働」を通じて達成される「協力」の形態による総合化が望ましいことを述べた．このとき第三者機関としての行政には，サービス供給の諸機関の協力のためコーディネーターとしての役割が期待されることになるだろう．また，これと関連して，消費者保護のための役割や，サー

ビスの品質を保証（Quality Assurance）するための監視の役割も期待される．もっとも，こうした場合には，不公正な競争や取引が生じないよう，プロバイダーとしての行政の役割とコーディネーターとしての行政の役割は切断された方がよいといえる．

　第2は，イネイブラー（enabler）としての役割である．これは，第一義的には，サービスの利用者の参加が可能となるように，利用者に力を与え（エンパワーメント）ることを意味する．そのためには，政治システムや供給システムにおいて，参加のための諸制度の条件整備（enabling）をすることも不可欠である．さらにまた，総合化との関連における条件整備や，民間部門による供給が可能となるための条件整備（そのなかには社会化された財源も含まれるだろう）も必要となる．このように，イネイブラーとしての行政の役割は，参加だけでなく，公私関係や総合化にもまたがって考えられるべきである．

　第3は，プロバイダー（供給者）としての役割である．福祉国家の再編のところでふれたように，健康・福祉サービスの供給において，民間部門の役割が拡大してきた．公的介護保険制度の導入によって，そうした傾向はさらに拍車がかかるものと思われる．しかし，日本の場合，すでに述べたように，公共部門が健康・福祉サービスの供給から完全に撤退してしまうと考えるのは現実的でない．過疎地域では，民間部門によるサービス供給が未発達な場合も見られるからである．また，公共部門が残余的役割のみを引き受けるというのも好ましくない．というのは，そうすると，国民を民間サービス利用者階級と公共サービス利用者階級に二極分解するおそれがあるからだ．とはいえ，公私のシェアは，地域のサービス供給状況に応じて，またサービスの効果に応じて，異なってくるものと思われる．

　一方で，福祉社会に対しては，国民の福祉に対する公的責任を放棄し，権利としての社会保障を否定するものではないかといった懸念の表明されることがある（「福祉社会の否定」）．他方で，福祉国家はもう時代遅れで，これからは福祉社会の時代だといった類の議論もみられる（「福祉国家か

1章　福祉社会の変容と健康・福祉サービス　　23

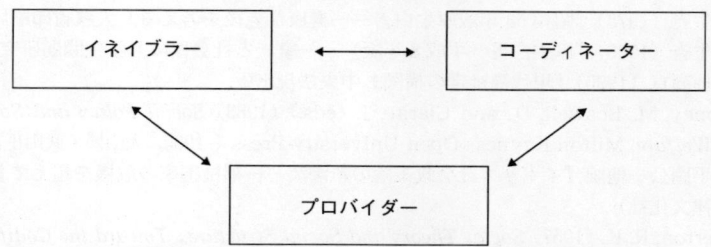

図 4　福祉国家と福祉社会の協働のための公共部門の役割

ら福祉社会へ」). しかし, 福祉国家がこれまで果たしてきた諸機能のなかには, 他によって代替されないものがある. また, これまでみてきたように, 福祉社会の出現が不可避だといった事情もある. 問題は「福祉社会の否定」でも「福祉国家から福祉社会へ」でもなくて,「福祉国家と福祉社会の協働」をいかに築き上げていくべきかということであろう. 本章は, この問題を解くために必要な基礎作業のささやかな試みにすぎない. 21世紀の初頭には, おそらく, 福祉国家と福祉社会の協働のための理論的および実践的な試みが, さらに掘り下げた形で行われることになるだろう. 私たちの社会のありかたは, そうした試みの成否にかかっているように思われる.

文献

Beveridge, W. (1942) *Social Insurance and Allied Services*, London : HMSO Cmd. 6404（=1969, 山田雄三監訳『ベヴァリジ報告　社会保険および関連サービス』至誠堂）.

電通総研編 (1996)『民間非営利組織 NPO とは何か——社会サービスの新しいあり方』日本経済新聞社.

Friedson, E. (1970) *Professional Dominance : The Social Structure of Medical Care*（=1992, 進藤雄三・宝月誠訳『医療と専門家支配』恒星社厚生閣）.

Hayek, F. A. von (1960) *The Constitution of Liberty*（=1986-87, 気賀健三・古賀勝次郎訳『自由の条件』Ⅰ, Ⅱ, Ⅲ春秋社）.

自由民主党 (1979)『日本型福祉社会』自由民主党広報委員会出版局.

Johnson, N. (1981) *Voluntary Social Services*, Oxford : Basil Blackwell & Martin Robertson.

厚生省（1978）『昭和53年版厚生白書——健康な老後を考える』大蔵省印刷局.
厚生省（1996）『厚生白書（平成8年版）——家族と社会保障』厚生問題研究会.
京極高宣（1990）『現代福祉学の構図』中央法規出版.
Loney, M., Boswell, D., and Clarke, J. (eds.) (1983) *Social Policy and Social Welfare*, Milton Keynes: Open University Press (=1995, 大山博・武川正吾・平岡公一他訳『イギリス社会政策論の新潮流——福祉国家の危機を超えて』法律文化社).
Merton, R. K. (1957) *Social Theory and Social Structure: Toward the Codification of Theory and Research*, revised ed., Free Press (=1961, 森東吾・森好夫・金沢実・中島竜太郎訳『社会理論と社会構造』みすず書房).
見田宗介（1996）『現代社会の理論——情報化・消費化社会の現在と未来』岩波書店.
内閣官房内閣審議室分室・内閣総理大臣補佐官室編（1980）『大平総理の政策研究会報告書3 家庭基盤の充実』大蔵省印刷局.
二木立（1998）『保健・医療・福祉複合体——全国調査と将来予測』医学書院.
西尾勝（1975）『権力と参加』東京大学出版会.
OECD (1981) *The Welfare State in Crisis*, Paris: OECD (=1982, 厚生省政策調査室・経済企画庁国民生活政策課・労働省国際労働課監訳『福祉国家の危機——経済・社会・労働の活路を求めて』ぎょうせい).
大山博・武川正吾編（1991）『社会政策と社会行政——新たな福祉の理論の展開をめざして』法律文化社.
Robson, W. A. (1976) *Welfare State and Welfare Society*, London: George Allen & Unwin (=1980, 辻清明・星野信也訳『福祉国家と福祉社会』東京大学出版会).
武智秀之（1997）「分権化とNPO」岡澤憲芙・宮本太郎編『比較福祉国家論——揺らぎとオルタナティブ』法律文化社, pp. 206-26.
武川正吾（1990）「社会政策における〈Privatisation〉—上—」『季刊社会保障研究』26-2 : 150-60.
武川正吾（1991）「社会政策における〈Privatisation〉—中—」『季刊社会保障研究』27-1 : 83-93.
武川正吾（1996）「社会政策における参加」社会保障研究所編『社会福祉における市民参加』東京大学出版会, pp. 7-40.
武川正吾（1997）「保健・医療・福祉の総合化の意義とその課題」大山博・嶺学・柴田博編著『保健・医療・福祉の総合化を目指して——全国自治体調査をもとに』光世館, pp. 1-28.
武川正吾（1998）「福祉社会における参加」『社会福祉研究』71 : 26-32.
武川正吾（1999a）「私的年金と私的医療——社会保障民営化の実験」武川正吾・

塩野谷祐一編『先進諸国の社会保障1　イギリス』東京大学出版会.
武川正吾（1999b）『福祉社会の社会政策——続・福祉国家と市民社会』法律文化社.
武川正吾（1999c）『社会政策のなかの現代——福祉国家と福祉社会』東京大学出版会.
武川正吾（2000）「福祉国家と福祉社会の協働」『社会政策研究』東信堂，第1号：29-50.
武川正吾（2001）『福祉社会——社会政策とその考え方』有斐閣.
Titmuss, R. M. (1976) *Commitment to Welfare*, 2nd ed., London : George Allen & Unwin (=1971, 三浦文夫監訳『社会福祉と社会保障』東京大学出版会).
山田昌弘（1994）『近代家族のゆくえ——家族と愛情のパラドックス』新曜社.
全国社会福祉協議会（1994）『参加型福祉社会をめざして——ボランティア活動振興の新たな展開』全国社会福祉協議会.

2章
医療・福祉サービスの供給主体
―「財政―供給」と公私の役割分担―

広井良典

はじめに

　介護保険の実施にともなって，介護あるいは広く福祉分野一般への民間企業の参入をめぐる議論が活発になっている．しかし，介護保険への対応という，きわめて間近に迫った現実的な課題という性格が強いせいか，この種の議論はともすれば"介護ビジネスの功罪""民間企業参入のためのノウハウ"といった，個別の現象面を追いかけた断片的なものになってしまう危険性をはらんでいる．いま必要なのは，福祉分野における公私の役割分担の望ましいあり方を，原点に立ち返ったうえで理論的に整理し，中長期的な視点で今後の福祉における企業やNPO等の役割についての展望を描いていくことである．

　本章では，そうした点を考えていくにあたっての基本的な枠組みについて考えていきたいが，全体を通じてとくに重要となる視点はつぎのような点であると思われる．

　第1に，こうしたテーマを考えていくにあたり，「財政」と「供給」という2つの側面をはっきりと区分して議論を進めることである．一口に福祉における「公私の役割分担」といっても，それが財政面に関するものであるのか，供給面に関するものであるのかによってその意味合いは大きく異なるが，実際にはこの両者が混同されて論じられる場合もなおしばしばあるように思われる．しかしながら，本章で論じていくように，イギリスのコミュニティケア改革およびNHS改革に代表されるように，現在欧米諸国において進みつつある改革は，福祉サービスや医療サービスの「財政と供給」を分離したうえで，（財政については基本的に「公」的な枠組みを維持しつつ）供給面において営利企業を含めた多様な主体を参入させ，こうした競争原理の導入を通じてサービスの質の向上と効率化を図っていこうとする方向であり，いずれにしても「財政と供給」の区分ということが基本的な前提となっている．本章では，こうした方向のもたらす意味や評価について，一定の座標軸を設定して考察を行っていきたい．

第2に,「医療と福祉の比較」という点である．本章の中心的な主題は福祉サービスについてであるが，医療との比較を行うことで，問題の意味がより明らかにされ，かつ広い視野において今後の展望を考えていくことができる．この場合，医療と福祉とは，対人サービスという点において共通した性格をもつ一方，とくにいわゆる「情報の非対称性」，すなわちサービス提供者と消費者との間の情報・知識のギャップや，消費者サイドがサービスの質を判断・評価する困難性において，大きく異なる面をもっている．また，わが国における現実の制度の面でも，医療と福祉の分野は，財政―供給をめぐる構造において非常に異なる展開をたどってきた．他方，とりわけ高齢者ケアの分野においては医療と福祉の境界が連続化し，よりトータルな視点に立った対応が求められている．こうした「医療と福祉」の比較という視点は，本章のテーマにおいて重要な柱をなすものである．

　以上のような視点を踏まえ，本章においては，(1)まず医療・福祉サービスにおける「財政と供給」に関する基本的な枠組みについて考え，(2)今後とくに重要となってくると思われる「財政＝公，供給＝私（民間）」というあり方をめぐる課題について「擬似市場」という概念を中心に吟味し，(3)最後にこれらを踏まえて今後の医療・福祉サービスの全体的な方向について考えてみたい．

「福祉」の意味について

　ここで，本論全体とも関係する点であるので，本章で用いる「福祉」という言葉の意味について簡潔に確認しておきたい．一般に,「福祉」という語には次の3つの意味ないし用法があると思われる．第1に，もっとも広義においては，福祉という言葉は，例えば「人類の"福祉"の向上」といった表現などのように，ほとんど「幸福，安寧」といった言葉と同義で使われることがある．第2に，中間的な意味として，ほぼ実質的に（年金や医療までを含む）「社会保障」と等しい意味で使われることがある．厚生省が94年に「21世紀福祉ビジョン」という報告を公表した際の「福祉」

とか，若干広がるが「福祉国家」という時の「福祉」もこれに近い．最後に，いわば社会保障の一分野としての，「社会福祉」という意味での「福祉」である．

　本章で中心的に論じるのは，この第3の意味の「福祉」であるが，実はこの第3の意味の「福祉（社会福祉）」自体が，大きく次の2つの意味をもつようになっている．それはすなわち，

　(a)「低所得者性」に着目した施策としての「福祉」

　(b)「対人社会サービス（personal social service）」としての「福祉」

という2つである．前者は言うまでもなく，いわば伝統的な社会福祉が対応してきたもので，生活保護はもちろん，老人福祉や児童福祉等が論じられる場合も常に基調に置かれていたものである．ところが近年急速に拡大し，重要性を増しているのは(b)の意味での福祉であろう．社会福祉が「普遍化」している，という意味もこのことと重なっている．つまり，低所得者に限らずとも，例えば高齢になって介護の問題に直面するのは一般的なことであり，それはその人の所得の多寡とは本来無関係である．

　言い換えると，(b)の意味での福祉は，低所得性といったことではなくむしろ「サービス」の中身そのものに着目した概念であり，その限りでは，他のサービス業と本質的に変わるものではない．また，これは筆者の私見であるが，こうした意味での「福祉」は今後大幅にその内容を広げ，「心理」や「教育」，場合によっては「癒し」，「アート」，「環境」といった分野ともクロスしていくものと思われる．要するに，いわば「ケア（産業）」とでも包括されるような，"人を対象とする社会的・心理的サポート"を使命とする幅広い領域に再編されていくものと考えられるのである．このように見ていくと，ある意味で福祉という分野はその経済規模や効果の大きさという観点からは，日本における「21世紀のリーディング・インダストリー」といった意味合いをももつことになる（広井，1997参照）．

1 医療・福祉サービスにおける財政と供給

1.1 財政と供給——基本的枠組み

先ほど述べたように，本章のテーマを考えていくにあたっては，サービスの提供における「財政」と「供給」を区分して考えていくことがまず出発点となる．このような点を踏まえると，財政および供給の各々について，「公」か「私（民間）」かという選択がありうるから，基本的な枠組みとしては公私の役割分担について表1に示すような4つのパターンが考えられることになる．

さて，表1のうちAはいわば従来型の「福祉」の姿であり，公的な財源に基づき公的な主体がサービスの提供を行うというパターンのものである（ただし正確には日本の場合，社会福祉法人は「民間」非営利の主体であるが，さまざまな経緯から公的な主体と同様の規制ないし扱いを受けてきた．この点は2節において考えたい）．一方，この対極に位置するのがDの領域であり，これは財政も供給もプライベートというものであって，従来からのいわゆる「シルバーサービス」論は主としてこの領域に関する

表1 福祉サービスの「財政—供給」と公私の役割分担の見取り図

財政＼供給	公	私
公	伝統型福祉 A	— B
私	擬似市場 C	市場 D

注：表1における「公」と「私」の意味内容は概ね次のようなものである（実際には公私の境界線引きが困難なボーダーライン・ケースが存在しうる）．
- 財政が「公」：当該サービス提供をめぐる財政が，社会保険であれ租税であれ，何らかの公的な枠組みにおいてまかなわれていること（実質的には加入ないし徴収の強制性）
- 財政が「私」：当該サービス提供をめぐる財政が，サービス利用者の直接的な支出または私的保険によってまかなわれていること
- 供給が「公」：当該サービスの供給（提供）主体が，行政またはそれに準じる主体（特殊法人等）であること
- 供給が「私」：当該サービスの供給（提供）主体が，営利または非営利を問わず，私的な主体であること（営利企業，法人格をもつNPO，法人格をもたないボランティア組織等）

ものと言えよう．要するに，個人が自らの資金によって民間の提供するサービスを購入するというものであり，これはまさに「市場」そのものに他ならない．

　Bの領域はここでは考えにくいので省略するとして，今後とくに問題となるのはCの領域，すなわち福祉における「財政＝公，供給＝私」というパターンをどう位置づけ評価していくか，という点である．従来は，「財政と供給の一致」，つまり財政が公なら供給も公（Aの領域），逆に財政が私なら供給も私（Dの領域），ということが，福祉サービス提供のいわば暗黙の前提をなしていた[1]．ところが，「はじめに」でもふれたように，とくに80年代以降のイギリスを中心に，こうした「財政と供給の一致」原則は必ずしも絶対的なものではない，という議論が活発となり，財政と供給を「分離（スプリット）」したうえで，とくに「財政＝公，供給＝私」という形態を積極的に導入し，福祉や医療の効率化を図っていこうとする政策展開がなされたのである（例えば1989年に政府により出された報告書（Caring for People）では，「競争」原理の導入により，福祉サービスに「選択，費用対効果，革新（innovation）」という要素や視点を導入する，という方向が提示された）．

　これがいわゆる「擬似市場（quasi market)」ないし「内部市場（internal market)」論であり，こうした考え方はイギリスにおけるNHS改革やコミュニティ・ケア改革の理論的背景ともなった．今後のわが国における「福祉の市場化」論で焦点となるのは，実質的にはこの「擬似市場」の導入のあり方であろう．

---

1) ロンドン・スクール・オブ・エコノミクスのHoward Glennersterは，これまで福祉の分野において「財政と供給の一致（fusion of finance and provision)」の考えが当然のようにとられてきた背景として，次のような諸点を挙げ，こうした考えはとくに戦後ケインズ型福祉国家のなかで強まったとしている（Glennerster, 1992）．これらについては3節においてさらに整理していきたい．
①財政的な説明責任（accountability）の弱さ，②サービスの質のコントロール（quality control）の困難さ，③（サービス提供の）普遍性，④公平性，⑤単一の政府という考え，⑥政治的雰囲気（political climate）

さて，介護保険について見るとそれは言うまでもなく「財政＝公」のシステムであるから，介護保険における民間企業という問題も，こうした「擬似市場」に該当する．これについては，一方で，通常のシルバーサービス，つまり財政も「私」であるような純然たる「市場」とはその意味合いが基本的に異なる，という点を確認しておく必要がある．つまり，財政が公的に保障されている以上，例えば"高所得者でなければサービスを購入することができない"といった問題——所得再分配上の公平性をめぐる問題——はこの領域では本来起こらないはずであり，通常の「市場」の場合に生じる問題と混同してはならない．しかし他方で，こうした「財政＝公，供給＝私」というパターンは，財政と供給をともに「公」でまかなう場合に比べていくつかの基本的な問題を生む可能性をもっている（サービスの質の担保やいわゆるクリーム・スキミングの問題，取引費用の問題等）．これらの全体的な評価については，2節において整理していきたいと思う．

1.2 医療の場合

以上，医療・福祉サービスにおける公私の役割分担を考えるにあたっての基本的な見取り図を考えたが，次にこうした点を「医療と福祉の比較」という視点から考えてみたい．

ここでまず，医療の場合における公私の関係が，「財政—供給」という視点から見た場合にどのようになっているかを確認してみよう．

医療について見た場合，日本は非常にユニークな場所に位置している．すなわち，「財政」も「供給」もともに「公」的であるヨーロッパ（財政については租税または社会保険により国民のすべてまたは大部分がカバー，供給については病院の大部分が国公立または公的な病院．表2のAの部分），他方，「財政」も「供給」もともに「私」的であるアメリカ（表2のDの部分）に対し，日本の場合，「財政＝公」，「供給＝私」という，"混合型"ともいうべきユニークなシステムとなっているのである（供給について見ると，日本の場合，病床数の約80％が私的病院のそれである．以上

表2 医療サービスの「財政―供給」と公私の役割分担の見取り図

供給＼財政	公	私
公	ヨーロッパ A	― B
私	日本 C	アメリカ D

につき詳しくは広井，1994参照).

すなわち，表2にそくして見ると，日本のこうした"混合型"システムは，Cの領域に位置することになる．これは，先に日本の福祉について，それが伝統的にAの領域のものであった，ということとは対照的なものとなっている．

1.3 医療と福祉の比較――歴史的・制度的背景

では，財政と供給をめぐる，こうした日本における医療と福祉の位置づけの違いの実質は何であり，それはどのような理由ないし歴史的背景に由来するものなのであろうか．

そうした日本の場合の背景を考えてみると，医療については，①歴史的に民間提供主体，とくに開業医（制度）が発達しており，医療保険システムの整備においても，そうした開業医の制度をできる限り活用していこうとする方針がとられたこと，②以上の点と表裏の関係に立つことであるが，日本においては，ヨーロッパの場合と「病院」のルーツが基本的に異なり，教会等を中心に地域の有志が創設する「コミュニティ・ホスピタル」の伝統がなく，病院も個人の医師が開設する「私的」なものという考えが強く，実際にも開業医の診療所が大きくなって（個人立）病院となるというパターンが多数を占めたこと，③社会保険のシステムをとったため，後述するような福祉の場合における「憲法89条問題」もなかったこと，等から，上に整理したような「財政＝公，供給＝私」というシステムが浸透していったのである．

これに対し，福祉においては，まず基本的な点として，占領軍が強調した「福祉の公私分離原則」（1949 年「再編のための 6 項目提案」）およびこれと関連した憲法 89 条問題（とくに宗教分野を意識）が存在した（これらにつき詳しくは Tatara, 1997）．すなわち「公の支配に属しない慈善，教育もしくは博愛の事業」に対する公金の支出禁止であり，この禁止原則を回避するために，措置制度とそれにともなう社会福祉法人に対するさまざまな規制が加えられた．医療との基本的な相違である．

こうした戦後日本の福祉システムの特徴はどのように評価されるのだろうか．おそらくこれには，(a)以上のような背景にともなう「公の支配」の強調から，形式的には「民間」非営利主体である社会福祉法人も，実質的に限りなく「公的」な主体と変わらないものとなり，事実上「財政＝公，供給＝公」（一種の"丸抱え方式"）に近い性格のものになったという側面，(b)他面では，少なくとも形式的には社会福祉法人は「民間」非営利団体であることから，見方を変えれば（イギリスなどに比べ）「財政＝公，供給＝私」という分離形態が，いわば萌芽的ではあれ存在しているという側面，の両面があるように思われる．

このように両義的であった日本の福祉システムが，介護保険制度導入により，ある意味で医療に近いシステムに接近しつつあり，かつなお再編の途上にある．これがわが国の福祉の置かれた現在の状況ということになる．

2　「擬似市場」の評価と方向性

以上で述べたのは基本的に歴史的な経緯にそくした医療と福祉の比較であるが，ではそもそもこうした「財政と供給」における公私の役割分担を考えていく場合，医療と福祉にはどのような共通点あるいは相違があり，その望ましい公私の役割分担はどのようなものとなるだろうか．

この問いは，本章の主題である「擬似市場」の評価という全体的な文脈において考えられるべきテーマである．そこで，ここではまず擬似市場と

いうシステムがもつ特性やその長短を，一般的なフレームにおいて整理してみよう．

2.1 擬似市場をめぐる論点

1節でも少しふれたように，「財政＝公」という仕組みをとる擬似市場においては，通常の市場とは異なり，財政が公的に保障されている以上，"高所得者でなければサービスを購入することができない"といった，所得再分配上の公平性をめぐる問題は本来起こらないはずである．しかし他方で，「財政＝公，供給＝私」という方式は，財政と供給をともに「公」でまかなう場合に比べていくつかの基本的な問題を生む可能性をもっている．
その全体的な評価の論点を示したのが 表3である．

表3においては，まず「財政と供給を一致」させる場合と分離する場合（擬似市場）を区分し，さらに後者について，非営利組織のみの参入を認

表3 「財政―供給」一致システムと擬似市場の比較

	財政と供給の一致	財政と供給の不一致（擬似市場）	
		民間非営利のみ	民間営利も
(a)サービスの質の確保／チェック	○	△	△
		→質チェックの必要性	
(b)クリーム・スキミング	―	―	起こりやすい（支払い方式等による）
(c) 取引費用	小	大	大
x 非効率	大	小	小
(d) 効率性へのインセンティブ	△	△	○
responsiveness	△	△	○
(e)供給主体の量→競争	△	○	◎

注：これらの多くは医療と福祉で共通．ただし，医療と比較した場合，福祉サービスの場合は情報の非対称性が相対的に小さいので，それに関する点は市場／消費者に選択を委ねてよい部分が大きいと思われる．

める場合と営利組織（企業）の参入まで認める場合とで比較を行っている．

　簡潔に述べると，まず(a)の「サービスの質の確保／チェック」は，サービス供給を内部的に（すなわち行政自らが）行う場合と異なり，他の主体による提供に委ねることとなるため，独立した課題として現れるものである．この課題は，さしあたり営利・非営利組織に共通した事項と考えられる（ちなみに，この点は組織の経済学ないし情報の経済学において論じられてきた，いわゆる「プリンシパル―エージェント」問題とそれにともなうモニタリング・コストの問題と重なるものと言えよう）．

　つぎに，(b)のいわゆるクリーム・スキミング（"いいとこ取り"）は，その名が示すとおり，一般に営利企業が営利動機ゆえに対象者を選別する行為をいうが，しかしこの場合は通常の「市場」とは異なるということに注意する必要がある．すなわち，擬似市場の場合，あくまで支払いは「公」的に保障されているのであるから，対象者の所得の多寡（支払い能力の有無）は企業にとってそれ自体としては問題とならない．したがって，通常の市場の場合で想定されるような，サービスの支払い能力のある者のみが選別されるということは，擬似市場においては本来は起こらないはずであろう．

　しかしながら他方，例えばある一定の幅の要介護度の者に対する介護サービス提供に対して，共通の公定価格が設定されているという場合，その範囲のなかでできる限り要介護度の軽い者を選別することで利益（一種の差益）を上げようとする，といった行動が起こる可能性は考えられる．したがって，擬似市場においても，支払い能力の有無とは別の点に着目したクリーム・スキミングは起こりうるのであり，こうした点については(ｱ)支払い方式（介護報酬，診療報酬等サービスの公定価格の設定方式など）上の工夫や(ｲ)クリーム・スキミング的行動に対する何らかのチェック・システム等によって対応が図られるべきであろう．

　一方，(c)の「取引費用（transaction costs）」や「x 非効率」といった概念は，いわゆる「組織の経済学（ないし情報の経済学）」等の分野にお

いて展開されてきたコンセプトであり，本章で論じているような財政と供給の「一致」と「分離」の比較を考えるうえで重要なものである．前者については，市場において複数の主体が一定の契約を通じて取引を行うという場合，相手側の提供する商品やサービス等に対する情報が当初から完備しているとは言えないから，取引そのものに関して一定のコスト（取引費用）がともなうことになる．したがって，例えば自動車メーカーが部品製造を（部品メーカーとの契約によって行うのではなく）自前で行う，といった例のように，その商品やサービスの提供を「内部化」したほうがコストが削減される（＝取引費用が減る）ということがありうる．このような観点から逆に考えると，「財政と供給を一致」させること（この場合は，行政自らが福祉サービス等の提供主体となること）のメリットには，取引費用の削減による効率化という点があることがわかる．

さて，財政と供給を分離するとは，民間主体にサービス提供を何らかのかたちで委託することであるから，自ずと当該主体が適切にサービス提供を行う主体であるかどうかを評価・判定する必要が生じる．それが「取引費用」ということになるわけである．この点は，(a)として指摘した「サービスの質の確保／チェック」の問題と同様に，サービス提供を「内部化」するか「外部化」するかの違いによって生ずる問題と言える．

他方，そうした「内部化」の方向を進めていった場合，取引費用という点では一定の効率化が図られる可能性があるが，同時に，組織の肥大化による効率性の低下が生じる可能性がある．それが同じく(c)として掲げた「x 非効率」の問題（大組織などにおいて競争圧力がない場合に生じやすい組織の非効率）である．このように，「取引費用」と「x 非効率」の問題は，いずれも組織のあり方に関わる問題であるとともに，いわば反対のベクトルに向かう問題であり，またアプリオリに解答が出る性格のものではなく，現実の福祉サービスの提供等にそくして具体的に検証される必要がある．

さらに，(d)として示したように，供給を「私」とする場合には，すべて

を「公」がまかなう場合に比べ、効率性へのインセンティブや消費者の需要への反応性（responsiveness）という点においてよりすぐれているのではないか、というメリットが挙げられる．これは組織の行動特性に関わるものであるが、これについてはとくに営利企業参入のメリットが指摘できる点と思われる．

また、市場構造全体に関わる点として、(e)として示したように、供給主体が多様化し多数となることでの、競争原理を通じた効率化という点が挙げられる．この点は、当然のことながら民間非営利のみならず営利組織の参入まで認めた場合のほうが（その分供給主体の数も増えるため）強く働く点である．

2.2 擬似市場の全体的な評価

以上、表3に掲げたいくつかの観点から、擬似市場メカニズムの長短を吟味した．全体として見ると、①(a)や(c)は組織の構造、すなわち「内部化／外部化」と各々の場合に生じるコストに関わる点であり（内部化する場合に生じる x 非効率、外部化する場合に生じる取引費用や質に関するモニタリング・コスト）、②(b)や(d)は組織そのものの行動特性に関わる点、そして③(e)は市場（システム）全体の構造に関わる点、として整理することができると思われる．

また、「効率性」と「公平性」という座標軸で見ると、一部(b)のクリーム・スキミングに公平性に関するものが含まれうるが（ただしこれも先述のように所得の多寡による差別化というものではない）、基本的には財政は公的に保障されている以上、ここで問題となっているのはいずれも基本的に（市場の）効率性に関わる問題と考えてよいと思われる．ただしこの場合の「効率性」には、サービスの質（及び消費者によるその評価や選択）という点も含まれている．

表3の全体を改めて見ると、表の上欄にいくほど「財政と供給を一致」させることのメリットが認められ、逆に下欄にいくほど財政と供給を分離

して擬似市場メカニズムを導入し，かつ営利企業までの参入を認めることのメリットが大きくなる．したがって，どのようなシステムがもっとも妥当かという点について，一義的な答えがあるわけではなく，各々の長短を総合的に見ながら最適な姿を模索していく他にはない．ただ，(c)から(e)までに掲げたようなメリットや，福祉サービスへのニーズが普遍的な性格をもつものとして急速に顕在化し拡大している状況を考えると，擬似市場あるいは財政と供給の分離を行った場合に生じる問題（サービスの質の確保，クリーム・スキミング，取引費用の発生）に対するチェック・システムを考えながら，擬似市場メカニズムを導入し供給主体の多様化を図っていくことが，効率性や消費者の選択の拡大といった点から見て望ましいと思われる．

2.3　医療と福祉の比較——基本論点としての「情報」

さて，以上を踏まえたうえで，ここで改めて医療と福祉の比較の問題に立ち返ってみよう．擬似市場メカニズムの導入を考えた場合，いま述べたようないくつかの問題が起こりうるが，医療と福祉の比較を考えた場合に重要となるのが「情報（の非対称性）」に関する両者の相違である．

本章の冒頭でもふれたように，サービス提供者と消費者との間の情報・知識のギャップや，消費者がサービスの質を判断・評価する困難性という点は，同じ対人サービスではあっても福祉に比べ医療のほうがはるかに大きい．逆に福祉の場合には，介護サービス等を含め，こうした情報の非対称性が他の一般のサービス分野に比べてとくに大きいとは言えないと思われる．

したがって，擬似市場の場合の問題点として挙げた「質のチェック」という点についても，必ずしも行政が強い管理を行う必要はなく，擬似「市場」の名称が示すとおり，消費者自身の選択にある程度委ねてよい余地が大きい．また，クリーム・スキミングについても，先述のように擬似市場の場合のそれは所得（支払い能力）の多寡に着目したものではなく公定価

格をめぐる差益等に関するものであるから，医療の場合と比べて生じにくいものと考えられる．

このような点を踏まえると，同じ擬似市場メカニズムの導入を考える場合でも，「情報」の非対称性をめぐる違いからすれば，福祉の場合には医療の場合に比べ，より自由度の大きい対応を考えていくべきものと思われる．

例えば，営利企業の参入という点について，医療および福祉それぞれの分野について議論があるが（医療における営利企業による病院経営，福祉における特養などの施設経営），少なくとも福祉分野においては（財政＝公という擬似市場メカニズムの下で）営利企業による施設経営を認めることに大きなマイナスはないと考えられる．この場合の根拠は，すでに述べてきたように，(a)財政が公的に保障されている以上「公平性」のうえでの問題は起こりにくく，かつ(b)情報の非対称性が福祉の場合小さく，したがってそれによる市場の失敗が生じやすいとは考えにくいことである（医療の場合は(b)の点で問題があり，企業による病院経営はこの理由からより慎重であるべきである）．むしろ，財政を公的に支援する場合の基準やルールを明確に（透明性の高いかたちで）定めたうえで，主体の性格を問わず基本的に"イコール・フッティング"の下での競争あるいは消費者による選択に委ねることが妥当と考えられる．

3　これからの福祉の全体像——「新しいコミュニティ」の位置づけを含めて

以上「公私の役割分担」というテーマに沿って議論を展開してきたが，実は以上の議論の中で抜け落ちている重要な要素がある．それは，近年各地域において大きく発展している，「相互扶助型」の住民組織の役割をどう考えていくか，という点である．そうしたものの典型は，例えば（財）さわやか福祉財団による「ふれあい切符」や，各地における会員制有償ボランティア等である（こうした組織のなかにはNPO法人となっているも

のもある).また,「エコマネー」等の地域通貨を通じた新しい地域ネットワークづくりも大きく展開している(加藤,1998 ; 金子,1998 等参照).これらは総じて,自立した個人が自発的に創り出していく「新しいコミュ・ニ・テ・ィ・」——個人がその意思とは無関係にそこに帰属することになる「伝統的な共同体」とは異なる意味での——と呼びうるものであるが,こうした存在は,いままで述べてきたような公私の役割分担の枠組みとどのような関係に立つのであろうか?

そもそもこうした組織や団体は,いわゆる

(a)「**自助**」——個人,自己責任ないし市場経済
(b)「**共助**」——相互扶助,共同体/コミュニティ
(c)「**公助**」——公共性(政府)

という3つのレベルのうちで,「共助」に相当するものである.逆に言えば,ここまでの議論では,もっぱら「市場と政府」といういわば公私の二元論,つまり(a)と(c)に焦点をあてて論を進めてきたため,この(b)の次元が抜けていた.筆者自身は,こうした新しいコミュニティないし相互扶助型・自発的組織まで視野に入れた場合,これからの福祉の全体像として,次のような役割分担の構造がもっとも妥当ではないかと考えている(広井,2000 参照).

すなわち,第1に,人びとの基礎的なニーズに対応する,いわばベーシックなサービスないし保障については,あくまで「公的」な財政の枠組みで対応する.このうち,伝統的な福祉施策すなわち「低所得性に着目した福祉施策」については,措置的なつまり公的な性格を強く残す必要がある.一方,普遍的な「対人社会サービス(personal social service)」の領域については,本章で述べてきた「擬似市場」的仕組みを積極的に取り入れ,営利・非営利を通じた民間の供給主体の導入を図るのが妥当と考えられる.そして,こうした擬似市場の場合については,すでに論じてきたように,質のチェック,クリーム・スキミングの防止を考慮した支払い方式,委託契約の際の基準の透明化と主体を通じた"イコール・フッティング"等が

2章 医療・福祉サービスの供給主体

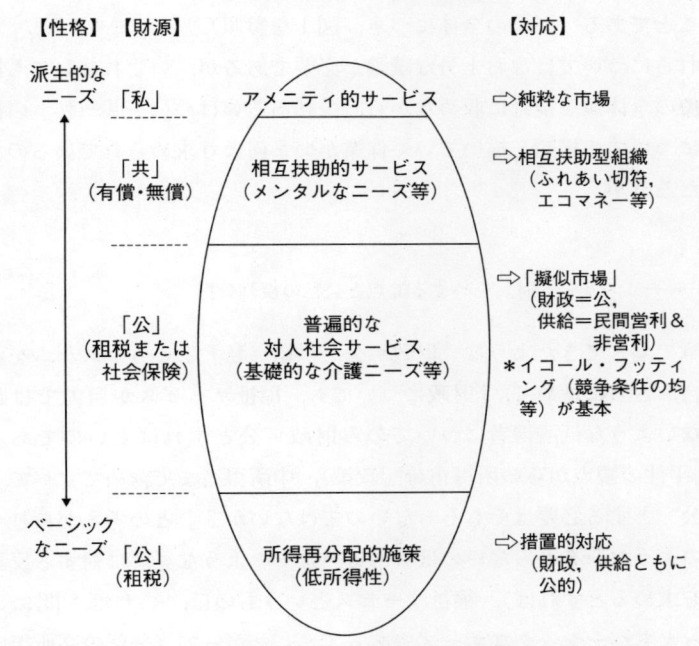

【性格】　【財源】　　　　　　　　　　　　　　　【対応】

派生的な　「私」　　　アメニティ的サービス　　　⇨ 純粋な市場
ニーズ

　　　　　「共」　　　相互扶助的サービス　　　　⇨ 相互扶助型組織
　　　　　（有償・無償）（メンタルなニーズ等）　　　（ふれあい切符、
　　　　　　　　　　　　　　　　　　　　　　　　　エコマネー等）

　　　　　「公」　　　　普遍的な　　　　　　　　⇨「擬似市場」
　　　　　（租税または　対人社会サービス　　　　　（財政＝公、
　　　　　社会保険）　　（基礎的な介護ニーズ等）　　供給＝民間営利＆
　　　　　　　　　　　　　　　　　　　　　　　　　　　　非営利）
　　　　　　　　　　　　　　　　　　　　　　　　＊イコール・フッティ
　　　　　　　　　　　　　　　　　　　　　　　　　ング（競争条件の均
　　　　　　　　　　　　　　　　　　　　　　　　　等）が基本

ベーシック　「公」　　　所得再分配的施策　　　　⇨ 措置的対応
なニーズ　　（租税）　　（低所得性）　　　　　　　（財政、供給ともに
　　　　　　　　　　　　　　　　　　　　　　　　公的）

図1　これからの福祉の全体像──「公─共─私」の役割分担──

課題となる．ただし，情報の非対称性が医療に比べて小さいことから，かつ財政は公的に保障している以上，サービスの供給面についての過度の行政の介入は妥当ではなく，できる限り消費者の選択や評価に委ねることが重要である．

　そして第2に，そうしたベーシックなニーズを超える部分──例えば，介護で言えば，身体介護等を超えた，いわゆる「心のケア」的な領域や，さらにポジティブなケアの領域──について，いま述べているような「新しいコミュニティ」ないし（地域に根ざした）相互扶助型の組織が対応する．

　第3に，以上のいずれにも属さない付加的，上乗せ的なサービスについては，いわゆる「シルバー・サービス」などの純然たる市場に委ねる，と

いうことである（以上の全体につき，図1を参照）.

これらについてはなお十分な議論が必要であるが，いずれにしても福祉や医療の全体像を視野に収めながら，公私あるいは「公—共—私」の役割分担についての構想を描いていく作業がいま何より求められているのではないだろうか.

補論——「メリット財」をめぐる論点と公私の役割分担

本章で論じてきたような「財政＝公，供給＝私」というシステムを考える場合，さらに進めて，「財政についても，福祉サービスが自力では購入できないような低所得者についてのみ財政＝公とすればよいのであって（＝公平性の観点からの所得再分配政策），中所得者まで含めてすべて"財政＝公"とする必要はそもそもないのではないか？」との考えがありうる.

そのような形をとらないのは（あるいはそのような見解に対する反論の論拠を求めるとすれば），福祉サービスというものは，いわば人間にとってもっともベーシックなニーズであって，したがって（一部の高所得者が上乗せ的な購入を行うことは別として）基本的に万人に共通／均等な形で提供されるべきものである，という考え方によるものであろう．ここで，こうした問題を考えるにあたって重要な意味をもつものとして，経済学でいう「メリット財（merit goods）」というコンセプトが浮かび上がる.

メリット財とは，市場においては最適な供給がなされない（と考えられる）財（またはサービス）であって，それ故に何らかの公的な介入が要請される財のことで，しばしば教育などが例として挙げられる．しかし何をもって価値財とするか，また何故に政府の介入が根拠づけられるのかの論拠については必ずしも一致した見解があるわけではない[2]．後者について

---

2) Nicholas Barr は，「メリット財」という概念ないし考え方の根拠として考えられるものとして次の3つを挙げている（Barr, 1992）.
　(a)社会的外部性（conventional externality）への対応手段として

は，メリット財を公共財と私的財の中間的性格をもつと考えるもの（マスグレイブら），消費者が必ずしも合理的な行動をとらない可能性があることに対するパターナリズムを根拠とするもの等さまざまである．

ここで，なぜメリット財というコンセプトが要請されるか（あるいはされないか）を見極める意味でも，通常の財全体の提供をめぐる公私の役割分担のあり方について，ごく基本的な整理を行っておきたい（ここでは公共財は除外する）．

人びとが必要とする財ないし費用のなかには，いわば「A. 恒常的に必要なもの（食料，住居費，衣服等）」と，ある時期を限った「B. 一時的に必要なもの（教育，養育費，医療費，介護費等）」とがある（両者の区別は最終的には連続的なものと思われる）．

さらに後者は，そうした必要性が生じること（時期）が，「(B-1)（ある程度）予測可能なもの（教育等）」と「(B-2) 予測困難なもの（医療費など）」とに分かれる．この場合も，両者の区別は連続的と思われる．なお，B-2については，予測困難すなわち「リスク」ということであるから，「保険」という対応手段が重要なものとなる．

さて，ここで以上のような財の提供を，「所得再分配」の文脈で考えると，Aについては，恒常的に必要なものであるゆえ，最終的には「財」を特定せずとも，標準的な生活費と考えられる一定の額を支給すればよい．これに対して，Bについては，恒常的に必要なものではないから，何らかのかたちで財そのものに着目した（財を特定した）提供がなされる必要がある．

以上の全体を簡潔にまとめると表4のようになる．

表4にそくして見ると，Bの領域のなかで，メリット財として（公的な）

　例えば教育水準全体を高めることによる国家レベルの効率性（national efficiency）を高める等といった考え
(b)消費の外部性（consumption externality）への対応手段として
(c)誤った消費性向（mistaken preference）への対応手段として
　例えば myopia（近視眼主義）に対するものとしての公的年金制度の正当化

表4 財（サービス）の性格と公私の役割分担

財の性格 \ 財の提供レベル	(ア)一定の均等な保障をする必要のある領域（ベーシックなニーズ）	(イ)左を超えるもの
A. 恒常的に必要なもの	生活保護など（＝所得再分配）	市場（私的な領域）
B. 一時的に必要なもの		
(B-1)（ある程度）予測可能なもの	教育など（狭義のメリット財）	市場（私的な領域）
(B-2) 予測困難なもの（→リスク→保険）	医療（保険）など　　　　（広義のメリット財）	市場の失敗（逆選択）が起こりやすいもの　→公的保険　起こりにくいもの　→私的保険

　　　　　　　　　　　　メリット財（狭義・広義）

対応が行われるべき部分と，市場に委ねられるべき部分が存在する．ではこの区分のメルクマールは何であろうか．

　それは，やや曖昧なものではあるが，「低所得者についてのみならず，中間所得層まで含めて，財（またはサービス）の提供が均等に行われるべきと考えられる分野」ということであり，その実質的な内容は，「(a)人間のベーシックなニーズに関わるもの」または「(b)機会の平等の保障に関わるもの」ということではないかと思われる．なお，(a)と(b)とはそれ自体としては異なる内容であるが，実質的に見ていくと，重なり合う内容となるのではないかと思われる（なぜなら，結局両者はいわば「同等に市民社会に参加する際の条件」とも言える内容であるから）．

　ちなみに，この場合も「中間所得層まで含めて」ということであるから，高所得層がさらに上乗せ的な財・サービスの購入を行うことを排除する者ではない（例えば教育におけるプライベート・スクール）．そして，どこまでを「メリット財」と考え，どこからを完全に私的な消費（市場）に委ねるべきと考えるかは，最終的には（公平や平等をめぐる）価値観の問題

に帰せられるものであろう（強い自由主義者は，そもそも「メリット財」という概念自体を否定し，表の「所得再分配」の部分のみ政府は行えばよい，という考えになるだろう）．

このように，「メリット財」をめぐる議論は，公私の役割分担や社会的「公平」のあり方をめぐって，意外に重要な意味をもつコンセプトである．これらを含めて，今後の福祉における公私の役割分担についての原理に立ち返った議論が求められている．

文献

Barr, N. (June 1992) "Economic Theory and the Welfare State", *Journal of Economic Literature*.
Glennerster, H. (1992) *Paying for Welfare*, Harvester Wheatsheaf.
le Grand, J. and Bartlett, W. (eds.) (1993) *Quasi-Markets and Social Policy*, Macmillan.
広井良典（1994）『医療の経済学』日本経済新聞社．
広井良典（1997）『ケアを問いなおす』ちくま新書．
広井良典（1999）『日本の社会保障』岩波新書．
広井良典（2000）『ケア学――越境するケアへ』医学書院．
今井賢一・伊丹敬之・小池和男（1982）『内部組織の経済学』東洋経済新報社．
金子郁容他（1998）『ボランタリー経済の誕生』実業之日本社．
加藤敏治（1998）『エコマネー』日本経済評論社．
駒村康平（1995）「英国における社会サービスへの市場メカニズム導入政策の研究体系」『海外社会保障情報』No. 112, pp. 75-82.
橘木俊詔（2000）『セーフティ・ネットの経済学』日本経済新聞社．
Tatara, T. (1997)『占領期の福祉改革』筒井書房．
Wistow, G. *et al.* (1996) *Social Care Markets,* Open University Press.

II 部
福祉社会の諸相
――家族・教育・雇用・住環境――

3章
高齢社会と家族
―― 労働力再生産システムの転換へ向けて ――

瀬地山角

1 労働力再生産システムの転換期

日本の人口は少子化にともない，高齢化の速度を速めており，1995年の「国勢調査」を元にする最新1997年の推計[1]によれば，全人口に占める65歳以上の比率は，2005年で19.6％，2015年で25.2％に達するとされている．これを生産年齢人口（15歳から64歳）との比率で計算すると2005年が3.37：1，2015年には2.40：1にまで低下する．高学歴化の進行は生産活動への参入時期を遅らせるので，実質的には生産活動人口はさらに減少することになる．働く世代の負担は増える一方なのである．

社会を支える労働力が，急激に減少するというこの現象は，近代産業社会以来の労働力再生産システムに対して，見直しを迫るものである．以下では近代以降の労働力再生産システムを簡単に整理したうえで，その転換への展望を指し示し，そのために不可欠な高齢社会乗り切りのための方策を提示することとしよう．

1.1 近代の労働力再生産システム

近代産業社会はその初期に一度，労働力再生産の危機を迎えている．産業革命にともなう職住分離にともない，女性が子どもの面倒を見ながら働くという行動様式が多大な困難に直面するようになったのである．農家や小商店を含めて，女性が狭い意味での家事に限定されない仕事を担いながら，子どもを育てるという現象は，産業化以前の社会にあっては，ほぼ常識的に行われていたということができる．子どもの面倒を見る主体は，母親に限定されるのではなく，祖父母・兄弟といった親族，地域社会などに拡散しており，子どもは決して核家族のみに所属する存在ではなかった．そうした社会では既婚女性が子どもをもちながら働くということは，経済的必要のある大半の層を中心に，多くの場合当然のように行われていた

---

1) 国立社会保障・人口問題研究所『日本の将来推計人口』．

ことであった.

ところがこれが工場制生産様式の大規模化と職住分離にともない,困難に直面する.子どもに対する保護が失われ,劣悪な環境におかれることは,優秀な次世代の国民を必要とする近代国家にとっても,危険な事態であった.そこで近代資本主義が採った戦略が,男子基幹労働者の保護と既婚女子労働者の排除,すなわち主婦の誕生である.

このシステムのもとでは主婦は,労働力再生産の専従者となり,家事(＝日々の労働力の再生産)・育児(＝次世代の労働力の再生産)・介護(＝一線を退いた労働力のケア)といった仕事を担当することとなった.核家族はそれぞれの家庭にいる一人の専従者が,全面的にその負担を負うという制度を作り上げることになる.このシステムは当該女性の側から不満が出ない限りにおいては,それなりに「合理的」なシステムと捉えられたようで,ほとんどの資本主義社会で社会政策として採用されることとなった.

1.2 高度成長期——一頭立て馬車の時代

日本においてこうした主婦を前提とする労働力再生産システムが確立をし,社会全体に広がったのは,高度成長期であった.各企業の出す配偶者手当,税金における配偶者控除(1961年創設),年金の第三号被保険者制度(1986年創設)など,主婦を社会政策的に優遇して,各種の「補助金」を出し,これによって労働力再生産の安定化をはかるという社会政策が採られている.離婚法制においても,婚姻関係破綻の原因をつくった側の配偶者(有責配偶者)からの離婚請求を,原則としては認めない,という形で,「妻の座」を保護した.税制,年金における配偶者への優遇措置は,まさに配偶関係が継続している限りにおいて効力をもつものであるため,妻の意志に反して離婚が成立することのないように,配慮がなされているのである.

こうした社会政策は,基本的には労働組合によってもバックアップされ

ていった.「妻子を食べさせられる賃金を！」というしばしば用いられたスローガンは，性役割分業を前提としたうえで，年功序列や配偶者手当の充実などを勝ち取るものであった．この間労組がパート労働者の組織化にも待遇改善にも，決して熱心とはいえなかったという事実は，いかに男性中心の，もしくは男性を中心とする家計の利害を代表するものであったかを物語っている．

こうした現象を背景として，労働力調査に見る日本の女子労働力率は，1975年に全体と有配偶でそれぞれ45.8%，45.2%と最低を記録する．当時は婚姻件数分の離婚件数も10%前後であり，落合恵美子（1994）のいうように家族の戦後体制が確立した時期だったのである．この時期の家族を馬車にたとえれば，夫が馬車馬のように働き，妻は御者となって馬や馬車の世話をする，という一頭立ての馬車のようなもので，政府の政策，労働組合，男女を含めて多くの人たちがこの体制を目指したことになる．

1.3 主婦の位置（豊かな主婦たち）

ここで現代の日本における主婦の位置について，簡単に見ておかなければならない．表1-表4は社会学で10年に一度行われる，大規模な階層調査（1995年実施，SSM調査）の結果を基に計算をしたものである．表1でわかるように，35歳以上の妻で専業主婦の場合に，夫の所得が他のグループに比べて，顕著に高いことがよくわかる．逆に表2で夫の所得の側から見ると，夫の所得が上がれば妻の働く割合は下がるという大きな傾向

表1 35歳以上女性の就業状況別の本人・夫・世帯の年収（万円）

	本人	夫	世帯
無職	24	658	744
自営	169	637	839
パート	108	589	700
常雇	335	588	910
全体	145	622	795

表 2 夫の年収別の妻の年収の分布（％）

夫	妻の年収				計	実数
	収入なし	150 万未満	150-450 万	450 万以上		
250 万未満	29.5	48.4	18.9	3.2	100	95
250-450 万未満	41.0	34.4	23.0	1.6	100	256
450-650 万未満	37.1	33.9	16.7	12.2	100	221
650-850 万未満	44.9	31.5	12.9	10.7	100	178
850 万以上	47.0	22.4	16.4	14.2	100	134
計	40.5	33.4	18.0	8.1	100	884

表 3 妻の年収別の夫・世帯の平均年収　　　　（万円）

妻の年収	夫の年収	世帯年収
収入なし	566	651
150 万未満	484	650
150-450 万	552	783
450 万以上	798	1,260
全体	543	710

表 4 35 歳以上女性の年収別夫・世帯の平均年収　　　（万円）

妻の年収	夫の年収	世帯年収
収入なし	657	738
150 万未満	563	696
150-450 万	598	827
450 万以上	800	1,335
全体	620	795

性を見て取ることができるだろう．

表3，表4は筆者がJカーブ仮説と呼んでいる現象を示すデータである．つまり妻の所得を横軸に，夫の所得を縦軸に取ると，これが150万未満の層を底にしながら，Jの字のように分布をする．これは夫の所得に限らず，妻の初職の企業規模や，妻の出身家庭の父親の学歴などでも似たような傾向が見られ，要するに階層分布を示しているということができそうである．35歳以上で，年収450万以上の女性は35歳以上60歳以下の有配偶女性の8％程度に過ぎず，階層的にかなり限られた層であるが，収入なしの層は，比較的それに近い階層となっているのである．

さらにこれを地域別に見てみよう．表5は国勢調査で，「夫就労・妻非就労」の世帯と「夫・妻とも就労」の世帯の比率を計算したもので，専業主婦世帯が共働き世帯より多ければ，100を越え，少なければ100を下回る．一目瞭然であるが，専業主婦世帯が共働き世帯より多いのは，全国で

表5 都道府県別の専業主婦世帯の比率 1995年（％）

高い方	全国平均 84.4		低い方	
奈良	137.1	1	山形	39.1
大阪	124.9	2	福井	40.9
神奈川	120.1	3	鳥取	42.7
兵庫	115.9	4	島根	42.9
東京	104.6	5	富山	43.2
埼玉	103.3	6	新潟	46.8
沖縄	101.9	7	石川	47.1
千葉	101.7	8	岩手	51.1
北海道	99.3	9	高知	52.0
福岡	93.6	10	長野	52.2

専業主婦世帯/共働き世帯×100　95年国勢調査より計算．

わずか8都府県にとどまり，奈良，神奈川など大都市とその周辺部に集中している．一方専業主婦が少ない県は，山形，福井など東北・北陸・山陰に多い．

前者の大都市部では，夫の収入が多いために，生活のために妻が就労する必要はなく，さらに妻が高学歴のために仕事を選ぶ傾向も強い．通勤に時間がかかり，保育所が不足気味であるといった要因から，妻も就労しにくく，専業主婦が増えるのである．

これに対して東北・北陸・山陰などは，共働きでようやく家計を維持する世帯が多く，三世代同居も多いために，子どもを見てもらいながら，製造業を含めてさまざまな職種で就労する妻が多いのである．

こうした階層別・地域別の差異をまとめれば，専業主婦は夫の所得の高い層に多く，また大都市部に集中している．一方共働き層は夫の所得が少なく，持ち寄りで家計を維持するような東北・北陸・山陰といった地方に多いということができる．逆に言えば高度成長期以来の現行の主婦保護制度は，貧しい共働き層から税金を取り上げて，裕福な専業主婦層に還元するという逆累進性の高い制度となっているということができるのである．

1.4 主婦（保護）の終焉？（もはや合理性はない）

　こうした主婦優遇の制度も，かつてはそれなりの政策的一貫性をもっていたということはできる．さらに結論を先取りすれば，そうした一貫性自体が現在は失われており，もはやこの主婦優遇に合理的根拠は見いだしがたく，それに変わるシステムを早急に用意しなければならない，というのが本章の提言である[2]．合理性が失われている根拠を4つ挙げよう．

　まず第1は，主婦優遇制度創出当時には，想定されていなかった不公平の問題である．配偶者手当はもともと青色申告などでの家族専従者控除との整合性を保つために，1961年に導入されている．つまり自営業層が妻の寄与分を経費にできることとのバランスを考慮したのである．1960年当時は全産業男女の従業上の地位別就業者数比率で，自営業主と家族従事者を合わせると46.6％と，雇用者の53.4％とほぼ並んでいた（「労働力調査」）．また有配偶女子に占める就業者の割合が46.6％，雇用者の割合はわずか8.8％（「国勢調査」）で，その意味で，配偶者控除は当時，給与所得世帯を保護するという一定の意味を持っていたといえるかもしれない．しかし「労働力調査」によれば，全就業者に占める雇用者の割合は93年以降8割を超え，有配偶女性に占める就業者も1983年以来常に50％を上回り，有配偶女性に占める雇用者の比率も97年には37.0％に達している．このように専業主婦はもはや女性の典型とは言い難く，配偶者控除制度は，専業主婦と有配偶の就業者との間の公平の問題を抱えることとなる．専業主婦を優遇することの根拠が，失われているのである．

　第2に離婚率の上昇が挙げられる．99年の「人口動態統計」によれば，1999年の婚姻件数分の離婚件数は実に32.9％に達している．この数値の最低値は1963年で，7.5％，1975年頃までは10％前後で比較的安定して

---

[2]　勘違いをおそれて慌てて付け加えるが，私は別に専業主婦という生き方を否定しようとは思わない．その選択肢が将来まで保障されることを当然としたうえで，それが社会政策上，二重三重に優遇される根拠がもはや存在しないと主張しているのである．そうした生き方を選択した人にはそれなりの負担を求めるというだけのことである．

いたが，ここ数年の上昇は急激で，ほぼ結婚の3分の1は別れる，ということも不可能ではない．今，結婚をするということは例えていえば，打率3割3分の強打者を相手にマウンドに上がるピッチャーのようなものなのだ．もちろん抑えるのが仕事ではあるが，打たれたくらいで人生絶望していては，ピッチャーはやっていられないし，また3割打者に打たれないことを前提に人生設計をするのは，あまりに危険すぎる．

　これに付随して，養育費の問題も重要な政策課題となるだろう．現在の離婚はその9割が協議離婚．子どもの養育費に関する充分な取り決めも，支払に対する強制力もなく，未成年の子の親権者の確定と夫婦の署名捺印だけで，離婚が成立することは，社会政策上問題といわざるを得ないだろう．離婚をしやすくする措置には反対との主張もありえるが，これだけ離婚が増えると，全ての人にとってのリスク管理の問題である．養育費に関して税務署を介して振り込みをチェックするような制度が，必要となるであろう．

　要するにこうした離婚の増大は，高度成長期の一頭立て馬車体制や主婦優遇措置の根幹を揺るがすものである．そもそも婚姻自体が持続しなければ，この保護制度は全く機能しない．この側面においても，高度成長期の制度が前提としなかった事態が生まれているのである．

　第3に低成長期を迎えて，年功序列賃金を維持することが難しくなりつつあるという点が挙げられる．労組が守ってきたような，男性の稼ぎ手を前提とする年功序列賃金は，会社が拡大し続けることを前提としていた．パイ全体が大きくなることで，増え続ける人件費を吸収できたのである．しかしごく一部のホワイトカラーを除けば，こうした恩恵に与ることのできる層は，将来かなり減っていくであろう．教育費などの「積み荷」が重くなる中高年で，一頭立て馬車の馬の馬力が延びないのである．家計の側から見ても，一頭立て馬車の体制が，大きなリスクをもつ時代が来ているのである．

　第4に，介護保険の登場である．専業主婦が高齢社会にまつわる介護な

どのさまざまなコストを全て負担する，というのなら，専業主婦の優遇にも政策的な合理性があるということになろう．中曽根内閣下での日本型福祉社会論は，まさにそうした家族介護を前提としたものであり，だからこそ1986年に第三号被保険者制度が創設されたことは，時代遅れとの感は否めないが，かろうじて政策的な一貫性があったということができる．しかし介護保険は，そうした家族介護に基づく発想とは180度方向性を異にしている．むしろ家族では見切れないからこそ，税金や保険料といった形で，公共セクターが介入をする必要があるのである．それには莫大な税金や労働力を必要とするのであって，これと同時に専業主婦の優遇を続けることは，明らかに矛盾をともなっている．

以上のように，労働力の構成，離婚率の上昇，年功序列賃金制度の崩壊，介護保険の登場と，いずれの要因をとっても，高度成長期に一頭立て馬車体制を支えてきた基本的な前提が，崩れてしまっていることがわかる．高齢社会を迎えるに当たって，現行の主婦保護制度をとり続けることは，合理性を欠くといわざるを得ず，日本は近代以来の労働力再生産システムの曲がり角にきているのである．主婦の保護・優遇ではなく，女性の労働力化を前提に日本の労働力再生産システムを組み替えていく作業が今，必要なのである．

2 新たな労働力再生産システムに向けて

2.1 制度の方向性

表6は労働力再生産費用の負担パターンを列挙してみたものである．ここからわかるように労働力再生産システムに関する選択肢は，それほど多いわけではない．国内の階層差が非常に大きい東南アジアや外国人労働者を受け入れることのできる香港のような社会では家事使用人型が可能だが，日本の場合にはおそらく許容されないだろう．同じく階層差を前提として金銭でさまざまなサービスを購入することで成り立つ，アメリカのような

表6　労働力再生産費用負担のパターン

	家族		市場	国家
	核家族	親族組織		
個別化	専業主婦型		家事使用人型	
		親族ネットワーク型	自由市場型	
				福祉国家型
社会化				社会主義型

横軸は担い手，縦軸はそれが個々の家庭を離れて社会化される程度を示す（瀬地山，1996）．

自由市場型も，階層間格差に対する抵抗が強い日本では受け入れがたい．

親族ネットワーク型は，台湾などで採られている解決策だが，兄弟数も減り，親族間の結びつきも希薄化しつつある日本では，東北地方の一部のように三世代同居の非常に多い地域を除けば，全面的にそれに依拠することは不可能だろう．社会主義型は，労働力再生産の危機において，夫婦二人を安い賃金で雇用し続けながら，子どもの面倒を国家が見るという制度だが，職場や地域ごとに国が託児所を整備するというのは，日本では非現実的である．

そうすると要するに日本に残された選択肢は，北欧の社会のように地方自治体が前面にたちながら，税金の投入と民間セクターの参入を組み合わせつつ，福祉のサービスを提供していくという福祉国家型以外にはないということになる（岡沢，1994）．このシステムは比較的高い税負担を背景に公共セクターが福祉労働力を投入していくというものであり，税や保険料の負担増加は避けられない．介護保険制度が目指しているのは，まさにこうした方向である．

そうすると主婦層の保護をはずして，労働力化を促し，税金や保険料を納める主体を増やしていくという政策が不可欠となる．配偶者控除などを撤廃することで，生まれる労働力は，後述するように，福祉セクターで吸収され，新しい労働力を形成することになる．高齢社会は，働き手や納税者が減り，従属人口が増える点に問題がある．だとすれば目指すべき方向性は，働き手や納税者を極力増やしていくことである．主たるターゲット

は高齢者と主婦ということになるが，男性にとっても密接に関わる問題である．以下では項目別に見ていくこととしよう．

2.2 高齢社会が来ない方法？（60代現役制）

冒頭にあげた『日本の将来推計人口』（平成9年1月推計）の中位推計値によれば，人口増加は2007年頃（1億2778万程度）で終わるとされている．ただし世帯数のピークは，単身世帯が増加するためにこれよりやや遅れて，2014年となる．これは当然，土地・住宅市場の軟化，世帯人員数の減少（2020年には3割が単独世帯）といった大きな変化をもたらすことになる．

さらに2007年頃に人口がピークとなるということは，当然のことながらその後日本人の人口が減り続けるということを意味する．中位推計では2010年の1億2762万から2020年には1億2143万人へと人口が減少することが予測されている[3]．これを都道府県別に見ると2020年まで人口が増え続ける県は宮城，茨城，埼玉，千葉，山梨，滋賀，奈良の7県のみであり，都心部でも人口が減少することが見て取れる．

冒頭にも述べたように，高齢化の進行では65歳以上人口は2005年の段階で全人口の19.6％，2503万人を占め，このあと2010年に22.0％，2020年には26.9％となるとされており，生産年齢人口の比率が大幅に下がることが危惧されている．つまり人口がピークを過ぎる2007年から2020年にかけての時期に，ちょうど団塊の世代が高齢人口に入っていく時期が重なり，総人口の減少と相俟って，高齢化の問題が急速に深刻化するのである．その後は2030年で28.0％と高齢化の進行は比較的緩やかなものとなるため，さしあたりこの時期までが，ひとつの山といえそうである．

基本的には外国人労働力の積極的な導入は不可避であると考えるが，こ

---

[3] 『日本の将来推計人口』1997年推計では，95年の実績値が1.42，2000年から2009年までの中位推計値も1.38-1.48となっている．

こでは少し違う角度から論じよう．2010-20年の平均寿命は男性で78歳代，女性が85歳代．まさに人生80年が当たり前の時代となるのだ．したがって高齢者を保護の対象ではなく，戦力として活用していく必要があることは論を俟たない．日本の高齢者は非常に就業意欲も高く，実際に労働力率も高い．いたずらに保護をするよりも，戦力として活躍していただくことの方が重要なケースは多い[4]．ただ平均寿命から見て75歳定年は無理がある．可能性があるとすれば，年金の支給年齢が徐々に引き上げられて，60代は働くということが標準化することであろう．これはいわば高齢者の定義を変えることに等しい．仮に今，70歳以上を高齢者としてしまえば，2020年の中位推計値でも「高齢者」の比率は20.5%にとどまり，これは高齢者を65歳以上としたときの比率でちょうど2007年頃の水準となる．つまり高齢者の定義を5年ずらすことは，高齢社会の進行を13年先送りすることになる．一番高齢化が深刻な様相を見せる2007年から2020年の間に，もし仮にこの60代現役制を実現できれば，この間に高齢化は進まない，ということになるのである．

　現実にはようやく厚生年金の報酬比例部分支給開始年齢が2013年から3年ごとに1年ずつ遅らせて65歳にしていくこと[5]が決定されたところであるし，現在の就労状況や60代後半の健康状態を考えると，60代現役制の実現は容易ではない．しかし現在の年金が所得の多い，人的資源の豊富な層を就労から遠ざける効果をもっていることを考えると，年金制度のいっそうの見直しとともに，高齢者の就労を促進する政策を採ることは不可欠であろう．年功序列の賃金体系は企業側に高齢者を雇用するインセンティヴを失わせるとともに，定年による高齢労働力の一斉放出を招きやすい．

---

[4] 例えば中国文化圏では，老後は孫の面倒でも見ながら悠々と暮らすことが理想とされており，高齢者が働くことは息子の面子をつぶすような事態であると考えられている．それに比べれば，日本は非常に有利な文化的条件をもっているのだ．

[5] 男性についての年度．女性は2018年から5年遅れで実施される．なお基礎年金部分については，すでに男性は2001年度から女性は2006年度から段階的に65歳まで支給開始年齢を遅らせることが決まっている．

また現在の年金制度の2階建て部分は，稼得能力の高い労働者に強制的に貯蓄をさせ，結果として高齢期の就労を阻害する要因となっていることを考えると，この部分の民営化は視野に入れられるべき問題であろう（清家, 1993）．

このように考えるならば，高齢社会の最大の課題は，介護や福祉である以上に職場の確保であることがわかる．ワークシェアリングなどで，無理のないペースで働きながら，二人で持ち寄ることで家計が維持できる程度の収入がある，という層を作り出さなければならないのだ．もちろん健康上の問題がある人などにはそれなりの保護が与えられるべきだが，基本的には60代に対する保護は薄くしていかざるを得ない．今までほとんど働いてこなかった団塊の世代の女性にも，就労が求められることがあるだろう．すぐあとに述べるように，介護や保育など，拡大する福祉の現場に職場は存在するのである．

2.3 保護の撤廃と主婦の労働力化

先に述べたように専業主婦の優遇・保護にはもはや合理的な理由は見いだしがたい．あるべき政策セットは以下のようなものである．第三号被保険者制度は廃止．負担と給付の関係を考えれば，夫の給与から加算して天引きすることが合理的だが，それが政治的に不可能なら，消費税の増税による年金1階建て部分の税金化だろう（広井, 1999）．健康保険や介護保険についても同じ問題が起きるので，論理的には夫からの徴収が望ましい．仮に第三号被保険者から，貧しいパート層に配慮して，国民年金より少し安い月額1万円程度の保険料を徴収したとしても，約1200万人いるので，年額で約1兆4400億円．関西空港の総工費に相当する程度の保険料を集めることができる．とくに主婦層は平均寿命が長く，年金制度の最大の受益者ともいえるので，ある程度の負担増は当然であろう．

配偶者控除・配偶者特別控除も撤廃する．これと第三号被保険者制度の廃止により，不本意な就労調整が行われる，いわゆる「103万円の壁」問

題はほぼ解消される（残りは各事業体の配偶者手当）．配偶者控除と同特別控除を廃止すれば，約1兆3000億円程度の増税となるので，これをどこに配分するかは，議論の余地があるだろう．選択肢としては①基礎控除の増額，②扶養控除の増額，③児童手当の増額，が考えられる．①は婦人税理士連盟（1993）の主張しているもので，労働力再生産のコストは全ての人間が担っているものとの考えに立てば，合理的ではあるが，社会政策として考えると，保護の不要な独身層にまでばらまくことになり，賛成できない．②，③は専業主婦を含め，子どものいる層に保護を与えるという政策で，少子化対策としても一定の意味をもつことになる．②は支給のコストなどはかからない政策だが，所得控除にせよ，税額控除にせよ，比較的豊かな層に恩恵のいきやすい政策とならざるを得ない．とくに現在のように課税最低限が上がってしまっている状況では，効果を発揮しにくいかもしれない．③は税金とは無関係に手当を支給するもので，場合によっては現在のように所得制限を設けることも考えられる．支給のコストはかかるが，どちらかといえば低所得者層に有利な政策となる．ただ所得控除は財務省，児童手当は厚生労働省と管轄が異なるために，行政のレベルでは綱引きが生じる可能性は高い．②，③のどちらをとるかは，その時の課税最低限などを勘案しながら，考慮すべきだが，日本は他の先進国に比べ児童手当は非常に少ない社会であり，検討の余地はあるだろう．

　こうした保護撤廃によって，保護がはずされるのはしたがって，子どものいない専業主婦層と，パートなどで働く主婦層である．前者については，経済的にもそれほど保護の必要はないと考えられ，もし必要があれば新たに就労をして，自己責任においてカバーされるべきことであろう．問題はパート層で，これは1.3に見たとおり，Jカーブの底を形成する層であり，一番貧しい層となる．逆に言えば現行の主婦保護制度は，専業主婦という最も豊かな層と，パート層という最も貧しい層とを同時に保護しているわけであり，この層については一定の配慮が必要となるかもしれない．③の児童手当の支給などはこうした層向けの政策として意味があるといえよう．

また働く層を保護する観点からは，①-③とは別の4番目の方策として，保育園にかかる経費の一定額を所得控除するといった仕組みもあり得るだろう．逆に言うと，女性が子育てを行うことをよりいっそう前提視させてしまうような，育児休業のさらなる延長には慎重であるべきで，むしろ休業中の所得保障の増額や男性が取得した場合のみの延長が現実的であろう．
　場合によっては，配偶者特別控除の廃止で若干負担が増える可能性があるが，就労時間の増加によってカバーしうる範囲ではないかと考えられる．実際旧労働省の「パートタイム労働者総合実態調査報告」（1997）によれば，非課税限度額を考慮して就労調整を考慮する人が，4割近くにのぼっており，また旧経済企画庁の「国民生活選好度調査」（1998）でも過半数の女性が，主婦保護制度が無くなれば長時間働く女性が増えると考えている．現行政度が就労の抑制として働いていることがわかるのである．
　また担税当局は新たな控除の増額に，警戒的であるが，配偶者控除・同特別控除の廃止は，女性の就労を促進するので，短期的には財政中立的な控除等の増額を行っても，将来的には増収となる可能性が高いであろう．
　2分2乗方式のような形で，所得分割ができる制度を含めて，配偶者控除をもたない社会というのは，デンマーク，フィンランド，ニュージーランドなど必ずしも多くない．しかし日本の急速な高齢化を考えれば，こうした個人単位税制への移行は，不可避であろう．一方でこれは，主婦を労働力化する圧力をかけることになり，家のなかでやっていることを外でやるだけという低賃金労働力を大量に生み出すことになる．福祉セクターの労働力の形態についてはすぐあとに述べるが，これは一時的には男女の賃金格差をさらに拡大させるかもしれない．北欧でも比較的低収入の福祉セクターに女性が集中することが問題となっている．この問題は最終的には福祉労働の評価を上げていくことで，男性の参入を促し徐々に解決を図るしかないだろう．それでも老若男女みんなで働き，みんなで税金を納めるという意味では，現状からは一歩前進なのである．問題がないわけではないが，もはやこれがさしあたり近代以来の労働力再生産を組み替えて，新

たな制度を定着させていくほとんど唯一の途ではないかと考える．

2.4 労働力のリサイクル問題

　大変重要なことだが，これは決して働く女性対主婦，という問題ではない．労働力再生産システム全体の問題であり，男性も深く関わっている．いやむしろ問題の淵源は男性にあるというべきだろう．そこが正しく認識されない限り，不景気のたびに女子学生の就職難が繰り返されることになるのだ．

　この労働力再生産システムの問題，実はリサイクル問題と同じ外部不経済の問題として捉えることができる．労働力を商品として考えれば，これが継続的に供給されるためには，家事・育児・介護といった再生産システム，いわばリサイクルのシステムが背後に存在していなければならない．従来の（主婦という）「リサイクルシステム」というのは，性別によって労働力商品（企業戦士）とリサイクル担当者（主婦）がわけられ，企業はリサイクルのプロセスやコストをほぼ意識することなく，（男子）労働力という商品を消費することができた．しかし高齢社会を前にして，もはやこのシステムでは，介護や子育てにまつわる莫大な労働力商品のリサイクルコストを処理できないということが明らかになってきた．これが現代日本の抱えるもうひとつの「リサイクル問題」なのである．

　商品を買えばリサイクルは必要となる．そのコストを生産者と消費者，それに行政が分担していかなければ，商品の循環はたちゆかない．この環境問題にとっての常識をもうひとつの「リサイクル問題」に当てはめれば，解決の方向性は自ずから明らかとなる．性別による，労働力とリサイクル担当者という区分がもはや不可能だとすれば，リサイクルプロセスは家庭の外に出され，行政や（労働力の消費者である）企業の力を借りて処理されることになる．主婦だった人が外で働けば，その分行政には税金が，企業には新たな（労働力という）商品が提供されるのだから，行政や企業に応分の負担が求められるのは当然である．またそれを促進するためにも，

配偶者控除のような家庭内リサイクル担当者を特別に優遇するような制度は，撤廃しなければならない．新規の労働力商品（子ども）を出さないという選択肢は，次世代労働力の確保という観点からあまり奨励できない．とすれば家庭の外でそれを処理できるシステムが必要なのである．

　こうした前提から考えれば，現在の企業社会における男女差別や女子学生の就職難は，リサイクルコストを誰にどう加算するかという問題として捉えられる．今，きちんとした処理をせず（したがって料金が安いが）汚染をまき散らす産廃業者と，基準通りの処理をする産廃業者がいたとしよう．企業にとっての処理コストは，いい加減な処理をする業者の方が安いため，この業者に注文が集中し，挙げ句の果てには未処理の産廃が不法投棄されてしまう．これは女子学生の就職難と全く同じ問題なのだ．企業にとって，育児休業や家事の制約がある女子労働力は，コストの高い労働力である．つまり労働力の再生産というリサイクルコストは，（本来労働力という商品全体のコストであるにもかかわらず，）現在は女子労働力の上にのみ加算されており，市場では女子は男子に比べて高い商品になってしまう．現状ではリサイクルのコストが正しく商品に加算されていないのであって，これでは商品の再生産は成り立たないのである．これはつまり市場に任せることで外部不経済が生まれている状況であり，それを内部化するための政策が必要だということになる．環境問題と同様，企業はかつてはこうした外部的な制約なしに，子どもは産まれるもの，と前提をすることができた．しかし合計特殊出生率が1.34（99年）まで落ち込むような極端な少子化は，育児にまつわる外部的なコストを無視した労働力という商品の「消費」に問題があることを示している．このコストを経済計算のなかに組み込んでいかない限り，この問題は解決しないだろう．

　産廃業者の比喩を使うならば，まずは再生産コストが正当に加算されていない悪徳業者に襟を正してもらわなければならない．要するに男性ももっと家事を，ということだ．（消費者である）企業も短期的に安ければいい，といった発想を克服しなければならない．次世代の商品に向けた「リ

サイクル」をきちんと行っている商品を選択するという「グリーン・コンシューマリズム」が求められるのだ．このことが労働力という商品の長期的な安定供給を可能にする．さらにこうした個々の主体の倫理に期待するだけでなく，行政でもそれを誘導するための政策的対応が必要である．男性の育児休暇取得や妻の出産に際しての休暇取得を促進することなどを通じて，労働力再生産のコストを男子労働力上にも加算させるようにし，市場価格のゆがみを是正していかなければならない．このようにして，労働力のリサイクルを軌道に乗せていくことが，現在の日本社会の抱える非常に大きな課題なのである．

2.5 企業社会の変化

こうした変化に対して必ず聞かれるのは，現在の企業社会では男性が家庭を顧みようにもできない，といったそれ自身はある意味でもっともな意見である．しかし高度成長期型の企業経営を離れていくことは，決して企業にとってもメリットのない話ではない．現在の年功序列賃金体系では，中高年の男性を働き以上に優遇し，若年の女性を最も冷遇し，中高年の女性をほぼ排除しているということができる．ボーナスを含めて，手厚い保護を中高年男性に与えることで，若年男性の離職を防ぎ，休日出勤・サービス残業などの長時間の拘束を可能としてきた．しかしそれは一方では，能力や貢献とは無関係に，年齢と性別に基づいて，生活給を出してきたことに他ならない．

こうした慣行を改めていくことによる，企業経営にとってのプラス要因としては，まず配偶者手当の廃止，年功序列賃金の廃止，ボーナスのカットなどによって，人件費の削減が可能であるという点が挙げられる．全体として正社員の待遇を現在より下げ，その一方で，女性を含む若年労働力の活用やパートなどの不安定就労者の待遇改善を行う．家計のレベルでは，共働きで収入を維持するのである．

これは実際には，中小企業の多くで採用されている雇用方針でもある．

福利厚生などについても，カフェテリアプランのような方式で，よりニーズにあった改革をしていくことができるだろう．さらに将来の人口減と優秀な労働力の不足に備えて，女性を活用することは，決して不合理なことではない．80年代（男性は近県からの応募のみであったのに）全国から優秀な女性が応募したために，彼女らが中堅となっていった90年代に，彼女たちを引き留めるために，カフェテリアプランの導入などを進めていったベネッセコーポレーションの事例は，その意味で参考になるだろう．

　こうした方針は中途採用を増加させ，育児などによる中断が起きやすい女性労働力にとっては，再就職のチャンスを増やすことになる．現在のように第一次労働市場からひとたび離脱すると二度と戻れないというシステムは，とくに女性にとって不利に働きすぎるのである．前節で述べたように，労働力という商品のリサイクルが，きちんと行われるためにも企業の対応の変化が求められている．

3　高齢社会にまつわる新たなサービス

3.1　あらたな福祉労働力——主婦の活用を中心に

　主婦優遇の現行制度を改めれば，当然就労を希望する既婚女性が増えることとなる．また高齢の就労希望者も増加していくだろう．これを高齢社会にまつわる介護や保育労働の莫大な需要のなかで吸収していけば，専業主婦型から福祉国家型への移行をスムーズに行うことができる．その意味ではこの成否が，高齢社会のゆくえを占う重要なポイントなのだ．

　一方でこうした高齢者や主婦層の労働市場への参入は，低賃金の福祉労働者を大量に生み出すことにつながり，短期的には男女の賃金格差の拡大や福祉労働力のイメージが悪化するといったこともありえるであろう．一時的にはこれはやむを得ないと考えるが，中期的には，福祉労働力の待遇改善を通じて，こうした事態を解消していかなければならない．そのためには，労働力の類型別の専門性の確立が不可欠となるだろう．

労働力の類型としては，多くの収入は求めないボランティア型（①），パート労働が中心となるパートタイマー型（②），自立可能な収入を前提としたフルタイム型（③）といったパターンに分けることができる．以下では福祉労働力のなかでもとくに新たに成長が期待される介護に関する労働力を前提として，このタイプ別に議論を進めていこう．

①ボランティア型

ボランティア型は無資格からホームヘルパーの3級程度の有資格者で構成される．主婦や高齢者層などが中心で，年収は100万円未満となる．業務の内容は簡単な家事援助，日常的な買い物，話し相手といった大した熟練を必要としない作業が中心で，それ自身としてはほとんど収入がないか，あっても時給1000円未満にしかならないだろう．

地域の市民団体やワーカーズコレクティブのような非営利的な組織がこれに参入する．営利企業の場合には，タクシー会社や宅配商店などが商品やサービスの購入と抱き合わせにする形で提供するということになる．介護保険で一割負担となる場合は，サービスの購入者側から見ると，1時間あたり150円前後の価格で購入でき，介護区分との対応でいえば，「要支援」から「要介護Ⅰ」程度のケアの際に多用されることになるはずである．

共同体的な相互扶助でできる範囲では，これが安価でよいのだが，問題は後述の②と競合すると介護労働力全体の待遇を低下させることにつながる点にある．専門性の有無がきちんと待遇の違いに反映されるようなシステムを確立する必要があろう．

②パートタイマー型労働者

パートタイマー型の場合には，最低でもホームヘルパー3級-2級程度で，有資格の労働力であることを前提としている．97年3月時点でのホームヘルパー研修修了者が，1級約3万人，2級10万人，3級16万人であることを考えれば，この層が福祉労働力の量的な中心部分であることがわかる．当面は家計補助的に働く人たちが中心とならざるを得ないが，第三号被保険者制度などを廃止して，「103万円の壁」と呼ばれるような就労制

限がなくなれば，労働供給は大幅に増えることになる．中心は主婦層や高齢者で，年収は150-200万円程度がスタートとなるだろう．

　ここで重要なのは，先にも述べたように①と区別されるような専門性と待遇が確保されるかどうかである．99年現在でも研修修了者は，すでに2000年3月に必要なホームヘルパーの数（17万人）に達しているが，実際の稼働者は13万6,000人に過ぎない．待遇の低さが労働供給を制限してしまっているのである．ポイントは現在の派遣社員程度，首都圏の価格で時給1500円前後の報酬を出すことができるかどうかにかかっていると考える．この価格なら，月に16日，1回6時間で月収14万4,000円，年間で173万円程度の収入となる．現行の税制では損をするために，労働供給が抑えられる程度の収入になっていることからも，配偶者（特別）控除などの現行税制を改めて，労働供給にゆがみが生じないようにする必要があることがわかる．

　また専門性を確保するためには，経験に応じて昇給する制度も不可欠だろう．働きによってはフルタイムに移行できるルートもなければならない．要するに事務職への再就職が難しいような相対的に非熟練の労働者が，資格を取ることで，普通に見つけられる仕事よりは待遇のいい職だと考えるような職種にならなければいけないのだ．看護婦に近いような専門性をもった職種として認知させるためにも，なんらかのユニフォームや名札の採用など，ボランティア層と明確に区別されるような「マーク」をもつことも重要だろう．要介護認定区分でいえば，最軽度の「要支援」から最重度の「要介護Ⅴ」までの作業の一部，もしくは全部を担当するといったことになる．

③フルタイム型労働者

　この層は数としては少ないが，高齢社会のなかで介護が産業として成立するためには，この層がそれなりの待遇と社会的評価を受けることはきわめて重要である．ケアマネージャーやパートタイマーの管理者，ヘルパーの1級取得者で専門的な介護のできる者，といった人たちで，医師や看護

婦など別の資格をもつ人だけでなく，専門学校の新卒者が一生の職業として誇りをもって，安定的に働ける職種でなければならない．待遇は最低でも看護婦と同程度に設定される必要があり，週休2日のフルタイムで，24時間サービスなどにも対応し，経験により月収で30万円以上，年収400万円以上の報酬が必要だろう．年収400万円という数字は，日本社会学会のSSM調査における，35歳以上で常勤で働く女性の平均年収335万円を念頭に置いている．

介護事業の中核を担うことになるのは，このタイプの労働者であり，重度や緊急の介護に自ら対応するとともに，介護を行うパートタイマーを指導・管理する役割も担うことになる．この層に必要な人材が集まらないと，事業全体の発展性が損なわれる．つまりこの層の待遇をよくすることは介護労働力全体の質に関わる問題となる．先に述べたようにボランティア型やパートタイマー型では，さしあたりは既婚女性が多く参入することが予想され，短期的にはこの分野が低賃金女性労働力のたまり場となる可能性は高い．これによって男女の平均賃金の格差が一時的に拡大するといったことも十分にあり得るだろう．これはそれまで経済活動に参加していなかった層が新規に参入することにともなう現象であるために，ある程度はやむを得ない．こうした新規参入にともなって税収や保険料収入が増えるのであるから，高齢社会を支えていくという意味では不可欠のプロセスである．

ただ中長期的にその状態から脱却するためには，男性の参入が促されるような待遇が不可欠で，これは介護労働者が徐々にその地位を認知されていくことでクリアしていくほかはない．そのための足がかりとしてこの③タイプの労働者の待遇が，新卒者が一生の職として考えられるようなものになることが，不可欠なのである．

3.2 介護福祉サービスの事業者と価格

介護福祉サービスを提供する比較的新しい民間の事業主体としては，ベ

ネッセやセコムのような民間の大企業，生協やタクシー会社のように地域にネットワークをもつ企業，医療法人のように専門性をもつ事業体といったものが考えられる．生協などのように労働力と拠点をすでにもつ組織，ベネッセなどのように研修部門を抱えることで，労働力の確保が容易であるような企業など，安価な労働力を少ないマージンで活用できる業者であれば，民間による大規模な参入が可能である．とくに大都市部では，こうした競争がサービスの向上を生み出すだろう．一方農村部や地方都市では，地理的な拡散がコストの増大を招くために，民間からの参入は難しい場合もあり得る．その場合は地方都市の実情にあわせて時給を切りつめながら公共セクターが担う場合や，重度の介護に当たっては，医療行為と隣接する形で医療法人が人を雇って行うといった形態が考えられる．

参考までに介護保険適用前の価格設定ではベネッセの場合で，平日昼間の簡単な家事援助が1,800円，重度の身体介護が平日昼間で2,400円，土日の夜間で3,600円となっている．介護保険制度が導入されれば，1割負担となるために，利用者の側から見た場合短時間であれば大きな違いとはならないが，重度のように累積する場合はかなりの違いを生んでしまう．安価なサービスと適切な報酬を両立させるためには，①-③の労働者を上手に組み合わせることが必要となるだろう．

簡単な家事援助はボランティアとの差異化の難しい領域でもあり，逆に①のような層を利用しながら，価格を切りつめることが必要となろう．利用価格に占める手取り報酬分を仮に5-6割前後とすれば，1時間で1,500円程度（時給900円程度），保険利用でその1割の150円といった価格をつけることは可能であろう．ワーカーズコレクティブなどの営利性の弱い団体では，家事援助について交通費実費で500円程度の値段を設定しているところもある．こうした低価格のサービスは，その分野のビジネスとしての採算性を壊してしまう可能性もあり，今後の展開が注目されよう．一方で重介護の場合では②のパートタイマーを使うとしても時給の1,500円を実現するためには，2,500円程度は必要であり，夜間・深夜の場合も③

の常勤者が対応することから，現在以上の価格設定が必要になることもあるだろう．

一方介護保険の点数では，身体介護，家事援助，複合型の3類型が定められている．身体介護で30分以上1時間未満の場合，402単位，家事援助で153単位，複合型で278単位となっている．さらに業者によっては，これをさらに割り引いて95%程度の単位数でサービスを提供している場合もある．地域によって1単位の金額が微妙に異なるが，1単位10-11円弱なので150円から約400円程度の自己負担ということになろう．身体介護については比較的専門性を配慮した価格設定となっているが，複合型が認められたことで，店舗網の縮小を余儀なくされるといった問題がおきている．今後どれだけ専門性や採算性が維持できるかがひとつの注目点であろう．

4　まとめ——高齢社会を乗り切る戦略

このように高齢社会に向けて，税制や年金制度などを改めて，潜在労働力を析出させる圧力をかけたうえで，それを吸収する労働市場を福祉のマーケットで準備をしていくというのが，基本的な戦略である．

その際の重要な核になるのが，主婦層の取り扱いで，これを保護するのではなく，労働力として活用していくことで，高齢社会を支える勤労者の減少という事態を緩和していくことができる．現在年金の加入者は，国民年金（第一号被保険者）が約1800万人，厚生年金・共済年金（第二号被保険者）が約3600万人に対して，二号の被扶養配偶者（第三号被保険者）は約1200万人に達している．制度の約2割がフリーライダーとなっているわけで，この層にやりがいのある職場を提供することは，社会政策としてきわめて重要である．専業主婦が都市部の高学歴層に多いことからも，それに見合うだけの待遇を用意しなければ，事業としてはたちゆかない．スーパーのレジ打ちよりは報酬も高く充実感がある職場とする必要がある

一方で，貧困層も多い利用客を考えると時間単価を無際限に挙げるわけにもいかない．先に挙げた3タイプの労働者をうまく組み合わせていくことで，事業としての採算性と，職業としてのステイタス，そして安価な価格という3要素を満たすことができるのではないかと考える．

　主婦という労働力再生産システムは，近代の生み出したそれなりに合理的なシステムであった．しかしそれにほころびが見える今，つぎのシステムへの準備を始めなければならない．もはや既婚女性は保護の対象とするべきではない．保護の名の下に行われてきたことは実は特定の生き方を標準として押しつけることであった．専業主婦の多くが実は就業したいという希望をもっており，女性の潜在有業率のグラフは全く M 字型を形成しない．また6歳未満の子どもをもつ女性の有業率と 20 代後半の女性一人当たりの保育所定員・利用児童数は強い相関を示している（経済企画庁 1997: pp. 99-100）．条件さえ整えば働きたいと考える女性たちのエネルギーがたまっていることをこのことは示している．多少の痛みをともなう変化であったとしても，保護に名を借りた押しつけから抜け出して，自由と責任をそれぞれが担う時代が，すぐそこまで来ているのだ．

　そしてそれは決して女性だけの問題ではない．労働力再生産コストの分担という意味では，男性の責任は重い．中高年男性の待遇切り下げと時短，家事参加が不可欠となろう．労働市場を流動化させ，中高年女性も新規参入できるような労働市場をつくるには，中高年男性のみを保護し続ける日本的雇用慣行にもメスを入れていかなければならないのである．また男性しかとれない育児休業期間を設けるなどして，男性を雇っても労働力再生産にまつわるコストがかかることを企業側に認識させなければ，労働市場での男女の対等な競争はあり得ない．こうして二人で稼いで，二人で家事を分担するという体制をつくることは，男性にとっても肩の荷を降ろすよいチャンスなのだ．

　高齢社会を控えて，日本社会は今，労働力再生産システムの大きな曲がり角に来ている．制度改革の方向性は，ほぼ自明である．老若男女，みん

なで働いて，みんなで税金を納める社会を作っていくこと．みんなが痛みを分かち合いながら，この曲がり角を曲がらなければならないのだ．

文献

広井良典（1999）『日本の社会保障』岩波新書.
経済企画庁（1998）『国民生活選好度調査　平成9年度』大蔵省印刷局.
落合恵美子（1994）『21世紀家族へ』有斐閣.
岡沢憲芙（1994）『おんなたちのスウェーデン』日本放送出版協会.
労働大臣官房政策調査部編（1997）『パートタイマーの実態』大蔵省印刷局.
瀬地山角（1996）『東アジアの家父長制』勁草書房.
清家篤（1993）『高齢化社会の労働市場』東洋経済新報社.
全国婦人税理士連盟（1993）『女性と税制』BOC出版部.

4章
介護労働者の専門的力量形成

高木光太郎

1 問題

「社会福祉士及び介護福祉士法」の制定などを契機に介護労働が高度の技能と知識を必要とする専門的職域を形成しているとする認識は徐々にではあるが着実に広がり，そのニーズも次第に大きくなってきている．また介護保険の導入等にともなって，今後，高齢者の在宅ケアのニーズが急増することが見込まれ，介護サービスの質の低下を避けつつこれに対応するために，一定の専門性をもった「パートタイマー型」介護労働者が大量に必要とされる可能性も高い．

このような専門性をもった介護労働へのニーズの高まりを前提として，ここでは介護労働者の専門的力量の特質とその形成過程について，二人の介護実践家の論考，実践を手がかりに検討していく．

2 介護労働者の専門的力量の特質

2.1 介護労働の「生活モデル」

専門職としての介護労働者に期待される「専門性」とはどのようなものであろうか．例えばそれが床ずれ防止，排泄介助，食事介助など高齢者の身体的ケアに関する技術を主体としたものであるとするならば，人間の身体的ケアにかんする総合的な知識・技術体系である医学および看護学に基づいて専門的実践を行う医師，看護職との境界線は非常に曖昧になり，現状ではそれらに対する補助的な労働力としての位置づけしか与えられないことになる．

こうした医療中心の見方にたいして，高齢者介護における技能・知識を独自の対象と方法をもった専門領域として位置づけようとする主張も強い．例えば広井良典は社会の疾病構造が感染症から慢性疾患へ，さらに老人退行性疾患へと変化していくことに着目した「健康転換」の概念と関連づけながら，高齢者介護への対応を「医療モデル」のみで行おうとすることの

問題点をつぎのよう指摘している（広井，1999）．

「この『健康転換』概念で重要なことは，慢性疾患から『老人退行性疾患』への変化を，感染症から慢性疾患への変化と同等に大きなものとして位置づけている，という点である．言い換えると，通常の慢性疾患と老人退行性疾患との間には，感染症と慢性疾患の違いと同等の違いが存在する，という理解であり，であるがゆえに，老人のケアについては，従来の疾病の治療，延命といった医療のあり方や医学のパラダイムでは対応できない『新しい質』の問題が含まれている，という認識である．」

この「新しい質」に対応するために広井は高齢者介護を「医療モデル」ではなく「生活モデル」によって構想する必要があると主張する．

「すなわち，老人の場合，身体の生理的な機能は，生物本来のメカニズムとして『不可逆的に』低下していくものであり，したがって若い人（ないし通常の慢性疾患）に想定されているような「治療」は同様な形では困難であり，やみくもに治療を図ろうとすることはかえってその生活の質を低めることになる．つまり，『医療モデル』に対する『生活モデル』，あるいは『疾病』ではなく『障害』ととらえた上での対応が求められるのである．」

2.2 生活の連続性への視線

このように介護労働を被介護者の「生活」の水準に向けられた実践として位置づけたうえで，以下では，介護労働者に要求される専門的力量の特質について検討していく．

介護福祉士である高橋道子は介護労働についてつぎのように述べている（高橋，1996）．

「老人介護は，老人の日常的生活動作を実際的に援助する行為である．朝，起床する．排泄する．着替える．洗面する．食事をする．新聞箱に新聞をとりに行く．新聞を読む．昼，外出する．買い物をする．電話をする．掃除をする．夜，入浴する．寝るための準備をする．このように，その人

の生活そのものを援助することである.」

　洗面, 着替え等, 一見,「身体的動作」を対象にした援助がならべられているが, ここで高橋はこれらの身体的ケアを被介護者の生活がもつ連続性のなかに位置づけることを強調し, 次のように述べる.

　「援助を必要とする行為は, それぞれ断片的ではない. 一日という時間の流れ, 一週間, 一ヵ月, 一年という時間の流れの中での連続的な人間の生活そのものである. だから, 介護とは, ある人間が別の人間の全存在にかかわっていくことを意味する.」

　高橋はこの生活の連続性を「ゆるやかな時間」と表現する.

　「介護は, ゆるやかな時間の中で営まれる人間と人間の間の行為である. その時間のゆるやかさとは, 介護される側のペースとしてのゆるやかさである. 介護される側は, いつもいつも介護の手を必要としているわけではないが, いつ必要とするかも定かではない. 必要な時にいてもらいたいのである. それはともに生きることを意味する.」

　特別養護老人ホームなどで高齢者介護に取り組んできた中田光彦の実践は「ゆるやかな時間」のなかで展開する介護の重要性をみごとに理解させてくれる（中田, 1995）.

　特別養護老人ホームの入所者Yさんは89歳の女性. 左片麻痺でオムツをしているものの, 車いすでの移動は十分にできる. しかし外出嫌いで, 外出をともなうホームの行事にも参加しない. 入浴やトイレ介助にも「やる気」がみられない.

　中田は, このYさんに亡くなったご主人のお墓参りにいくことを提案する. 一泊の旅行になること, 入所者の個別的なニーズにどこまで対応すべきかといったことでスタッフ間に議論があったものの, この旅行は実現することになった.

　旅行が決まるとYさんの暮らしが大きく変化した. 外出嫌いだったのが旅行のための服を買いにデパートへ行くという. 何軒もデパートを巡り, お気に入りの服を探し, 口紅も買った. 朝, 鏡をじっと見つめ,「自分へ

のこだわり」を見せるようになった．月数回だった入浴も週1-2回になった．旅行の際にレストランで食事をするために，自分から歯科受診を申し出てそれまで使っていなかった入れ歯を調整した．オムツを外すためのトイレ介助訓練や歩行訓練にも積極的に取り組むようになっていった．

中田はこうしたYさんの変化を次のように捉える．

「さて，Yさんは墓参りという目的があるため，それに向けて生活が向上してきた．それは，よく職員が口にする"基本的処遇"とか，"基本的ケア"と呼ばれる内容である．しかし職員はケアのほうばかりに目がいき，目的がない．また，立つこともできなければ外出など無理，という順番で考えてしまいがちだが，本人にとっては逆に，外出したいから立つ練習を始めるのである．」

ここで中田が強調するのは，日常の個々の行為を被介護者本人の脈絡のなかで関係づけ，個々の行為に被介護者自身にとっての「意味」を付与することである．トイレ介助訓練や入浴といった身体的ケアは，Yさんの身体の個別の部位や動作に対するケアということを越えて，旅行を前にしたYさんの生活の連続性，脈絡のなかに位置づけられ，Yさんにとって必然的に取り組むべき課題として立ち現れてくる．中田はYさんに「目的」をもってもらうことによって，Yさんの日常を高橋のいうところの「連続的な人間の生活」として再構成したのである．

Yさんの生活の連続性，脈絡の水準に向けられる介護者としての中田の視線は，Yさんをめぐるつぎのエピソードに象徴的に示されている．

旅行が決まり1ヵ月が過ぎた9月，夜勤の寮母が中田につぎのような報告をした．

「『Yさんが，夜，徘徊をしていました．』

10月に墓参りに行くのに，なんということだろう……．私はその夜，Yさんの居室へ行ってみた．Yさんはベッドのまわりの柵をつかみながら，ゆっくりと歩いていた．その姿を見て，私はホッとした．Yさんは私に気づき，

『歩く練習って，大変ね』
と言った．
　私も少し練習につき合った．」
　夜中にベッドの周囲を歩き回るYさんは，そこだけを切り取ればたしかに「徘徊」となる．これが寮母の視線である．これに対して中田はYさんの生活の連続性，脈絡のなかでYさんの行為の「意味」を読み取っている．このように生活の連続性，脈絡の中に被介護者の行為，身体，精神を位置づけ，「意味」を発見する力に中田の介護者としての力量がある．
　高橋は，このような介護者の力量を「介護の想像力」という言葉で表現している．
　「在宅介護生活とは長期にわたる日常生活であり，それは平凡で単調な営みの連続である．
　例えば，朝から深夜まで一日七回のオムツ交換を毎日毎日，一年三百六十五日繰り返す．介護の人間性とか，変革性とかいっても，最も基本的なことが，この単調な行為をいやになることなく繰り返すこと，その強靭さなのだと思っている．
　もちろん，一人の人間と一人の人間との間に繰り返される関係には，いくつものドラマがある．平々凡々，マンネリと見える生活の中にも探り出す心があれば，涙と笑いがあふれている．大切な要素は想像力である．人間がもう一人の人間に関わっていく時に求められる資質としての想像力である．ちょうど，恋愛の深さ，豊かさを規定していく大きな要素が想像力であることと同じであると思う．」
　しかし介護労働者に必要な想像力は，「決して文学的なレベルのものであってはならない」ことを高橋は強調する．それは空想や独りよがりの理解ではなく，「老人たちの訴えから，顔つきから，無言や無表情からも，その奥にあるものをきちんと想像し，対応する介護の想像力」である．

2.3 反省的実践家としての介護労働者

このように介護労働者の専門性が，入浴介助，食事介助といった介助技術の水準にではなく，そうした介助技術を駆使しつつ，身体的，精神的，社会的障害，困難によって崩れつつある高齢者の生活の連続性の再創造に向けた「介護の想像力」にあるとするならば，専門家としての介護労働者はドナルド・ショーンのいうところの「反省的実践家（reflective practitioner）」であるということになる．

専門家と呼ばれる人びとの行為がもつ特性を哲学的行為論の視点から検討しているショーンはその著書『反省的実践家――専門家は行為のなかでどのように思考しているか』（Schön, 1983）のなかで，建築家，経営コンサルタントなどの労働プロセスを分析している．ショーンによればこれらの人びとは形式化，一般化，同質化しえない個別性をもった複雑な現実の問題状況にクライエントとともに参入し，解決を模索していくような実践を行う専門家であり，確立された技術や知識を合理的に対象に適用することで問題を解決しようとする古典的な専門家としての「技術的熟達者（technical expert）」とは明確に区別される．複雑化した現代社会で重要性を増しているこうしたタイプの専門家が「反省的実践家」である．

上述のYさんの事例でいえば，深夜にベッドの周りを歩きまわるというYさんの行為を，一般的な「徘徊」の定義と一致するということで「徘徊」と理解し，それに対処しようとした寮母は「技術的熟達者」的にYさんに関わっていた．これに対して中田はその行為をYさん固有の問題状況として解釈することで「反省的実践家」としてYさんに関係しようとしていた．Yさんの生活の脈絡のなかで「深夜にベッドの周りを歩き回る」という行為は，ご主人のお墓参りにいくという課題に向けられたものである．中田はYさんとともにその課題を達成すべく努力することに介護者としての自分の位置を見いだしている．

「反省的実践家」は現時点での問題状況に対する自己の理解には常に限界があることを意識しつつ（問題状況が十分に複雑であるということを意

識しつつ）実践に参入し，そのなかで問題の新たな側面や意味づけを発見し，その発見にしたがって自らの実践のありようを柔軟に変更していく．つまり常に自己のおかれている問題状況のありかたを「反省的」に捉えかえしながら「実践」を組み立てていく．「反省的実践家」としての専門的力量は，この「反省」と「実践の構想力」の水準にあるということができる．

3 専門的力量形成の場としての介護実践

介護労働者の専門性が「反省的実践家」としてのものであるとするならば，その専門的力量の形成は以下の3つの局面によって可能になる．
(1) 介護技術，知識の習得
(2) 介護実践への参入
(3) 介護実践の反省的吟味

介護労働者を「反省的実践家」と捉えた場合，(1)はその力量形成の一部というよりも，むしろ前提となる．介護労働者は，高齢者の身体的，精神的問題に対応可能な介護技術を習得したうえではじめて，それらを駆使して高齢者の生活の連続性の回復をめざすことが可能になるからだ．

上述のとおり反省的実践家は実践の現場のなかで，さまざまな問題に出会い，そこでクライアントをめぐる問題状況のあらたな側面や意味づけを発見しつつ，それに応じて自分の実践を柔軟につくり変えていく．ショーンによれば反省的実践家は，このような実践そのものを通じて専門家としての力量を形成していく．つまり介護実践は学校など実践から切り離された場所で身に付けた技術や知識を発揮する「応用の場」ではなく（これは「技術的熟達者」のアプローチである），それ自体が力量形成の場なのである．したがって介護労働者の専門的力量の形成は(2)，(3)の局面を中心に捉えられなければならないことになる．

これらの局面における介護労働者の力量形成を考えるための有用な枠組

みを与えてくれるのが認知科学の分野における学習研究の最近の成果である．1980年以降，認知科学において従来の学習研究を根本から見直そうとする一連の動きがみられた．学習現象を知識や技能の脳内での処理過程として捉え，それを実験的方法によって解明するだけではなく，職場や家庭のなかで人びとがどのような活動をとおして学習を展開しているのか具体的に観察し，そこから学習を可能にする現実的な諸要因を解明しようとするアプローチの出現である．研究者たちは，実験室を離れ，伝統社会の職人，航空機のパイロット，学校，肉屋，舞台監督，医療，保険会社など実にさまざまなフィールドで観察を行い，そうした場所で人びとが活動しつつ学んでいく過程を分析した．

　こうした一連の研究に基づいて諸活動と一体化して展開する「現場」での学習を統一的な視点で捉えるためのいくつかの理論的枠組みが提案された．そのなかでもとくに有力な理論のひとつとなっているのが「正統的周辺参加論（legitimate peripheral participation theory：LPP）」とよばれる学習理論である（Lave and Wenger, 1991）．この理論の提唱者である文化人類学者のジーン・レイブとエティエンヌ・ウェンガーによれば，あらゆる学習は実践と同時に生起するもの，つまり実践への「参加」によって可能となるものであり，学習と実践を切り分けることは原理的に不可能である．なぜならば(1)の局面で得られる知識や技能は，それだけでは実践の現場では機能し得ず，(2)の局面において学習者が実際に実践へ参加し，それらの知識や技能を実践の現場の実際的な文脈に埋め込み，関連づけていくことで，はじめて「その実践にとって意味のある」ものとなるからだ．例えばレイブはリベリアの伝統的な仕立屋を対象とした有名なフィールドワーク研究でつぎのような事実を見いだしている．仕立屋の徒弟が入門してはじめに与えられるのは仕立てが終わった服にボタン付けやアイロンがけをする仕事である．この仕事に熟練するとつぎに裁断された布地を縫い合わせる縫製の仕事を与えられる．そしてこの仕事に習熟すると最後に布地を型紙にあわせて裁断する仕事を任せられるようになる．こうした順序

で少しずつ実践への参加のあり方を変えていくことによって徒弟は比較的短期間のうちに一人前の職人になっていく．レイブによればこのボタン付けから裁断へというステップが，徒弟が習得する個々の技能，知識を洋服づくりという実践全体の文脈へ位置づけることを可能にしている．すなわちボタン付けやアイロンがけの作業をとおして徒弟は針と糸の使い方を習得すると同時に服の大まかな構造を理解するようになる．つづく縫製のステップで服を成り立たせている布地の細かな関係を理解する．そして最後にそれらの理解を前提に自分で布地の裁断を行うことができるようになる．つまりボタン付けやアイロンがけといった単純で基礎的な技能が服の構造の理解という仕立てにおいて中核的な知識と連続的につながるよう実践の構造が組織されている．徒弟はこうした順序で実践に参加していくことによって自らの技能，知識を洋服づくりという実践的な文脈の中に位置づけ，意味づけることができるようになっていく．

　これとは逆に職場の組織がこうした技能，知識の構造化をサポートしない場合，実践への参加が労働者の力量形成を阻害する場合がある．例えばマーシャルは，アメリカの食肉加工職人のOJT（On the Job Training）において，肉のカットという食肉加工における中心的な仕事の現場がラッピングなど周辺的な仕事に従事している徒弟からは見えない構造になっており，またカット職人と徒弟の交流も少ないため，食肉加工職人として求められる構造化された技能，知識を徒弟が得られなくなっているという事例を報告している（Marshall, 1972）．

　仕立屋のように労働者の技能，知識に意味を付与する構造が比較的安定している実践では，基礎的な技能，知識の習得と実践への参入，つまり(1)および(2)の局面によって基本的には専門家としての力量形成が可能になる．しかし介護労働の場合，実践の現場において介護労働者の技能，知識に構造を与えるのは被介護者の生活の脈絡であり，これは人それぞれに異なり，また一人の人のなかでも日々変化していく．それゆえ介護労働者は自分の技能，知識のありようを柔軟に編み変えていくことができる専門家，つま

り「反省的実践家」でなければならず，(1), (2)に加え(3)の局面での専門的力量の形成が必須となる．

　教師を反省的実践家として位置づけ，その力量形成について考察している稲垣忠彦と佐藤学は教師における反省的思考についてつぎのように述べている（稲垣・佐藤，1996）．「教師の専門性の中心が『実践的思考様式』（ここでいう『反省的実践家』の思考とほぼ一致する：引用者）にあるとすれば，その『実践的見識』を表現し伝承する『事例研究』の新しいスタイルが模索されるべきだろう．授業の具体的な事実を生々しく提示し，授業者の実践的思考を生き生きと表現する方法の開拓である.」

　つまり稲垣と佐藤によれば反省的実践家としての教師の力量形成は「事例研究」という形を通じて，自らの実践と思考を深く，詳細に叙述していく「語り」の力をつくりあげていくことによって可能になる．介護労働の場合で考えれば，被介護者に生じている問題状況をできる限り被介護者の生活の流れ，連続性の文脈で具体的かつ生々しく記述しつつ，自己と対象の新しい関わりを模索する．その積み重ねによって被介護者の生活の脈絡を，自分の実践の可能性との関わりのなかでより「深く」読む力が形成されていく．

　例えば中田は特別養護老人ホームにおける実践事例報告においてつぎのような「反省的思考」を展開している．中田は「外出嫌い」のＯさんをドライブに連れ出し，偶然入ったゲームセンターで「昔よくやった」スマートボールに嬉々として興じるＯさんの姿にふれる．ここで中田はこの出来事を「Ｏさんがなつかしいものに再会し，喜んでいた」という形に一旦整理し叙述するが，その後，Ｏさんの一言をきっかけにこの出来事と自身の実践の新たな意味づけが始まる．

　「『あのね，今日スマートボールをやっててね，夢中になってたのよ．そうしたらみんなが帰らないで，私のことをずっと待っててくれたの．うれしかったわ』

　私は驚いて，介助の手が止まってしまった．なぜこんなことが日頃から

できなかったのだろうか？ と思った．待っててもらえる（受け入れてもらえる）ということはうれしいことなのだ．（中略）

　特養でも待つことを忘れ，いつしか職員の言うことを早く聞いて，言う通りに行動してくれるお年寄りが"よいお年寄り"になってはいないだろうか？」

　ここで重要なことは，こうした反省的思考が介護労働者個人の内部に閉じることなく，同僚たちとの共同的な活動に開かれていくことによって，はじめて実質的な力量形成の場が形成されていくということだ．中田のように自己の実践事例を出版することも，そうした場の形成の試みのひとつと考えられる．

　介護労働者どうしの語り合いが重要であることは以前から指摘されている．しかし，それは介護のコツやノウハウに関する情報交換や，苦労を語り合うことによる心理的な支えあいなどにとどまらず，介護労働者の専門的力量形成の機能を担う中心的な場となりうるのである．

　前出の稲垣と佐藤は教師の力量形成の文脈で，こうした場の形成について，次のように論じている．「教師の実践的思考と実践的見識の伝承を促進する同僚関係や仲間関係の重要性を指摘しておきたい．教師としての成長は，決して一人で達成されるものではない．実践を創造し合う専門家の共同体への参加を通して，この研究（佐藤らによる教師の思考様式に関する実証的研究：引用者）が提示した『実践的思考様式』も形成され伝承されていく．授業の具体的な事例の検討を中軸にすえ，その語り合いを通して専門家として育ち合う関係が，教職生活を根本において支えるのであり，この学び合い育ち合う関係づくりとネットワークづくりが，学校でもサークルでも追求されなければならないであろう．」

　この稲垣と佐藤の指摘は，そっくり専門家としての介護労働者とその実践に置き換えることができるだろう．介護労働者は，実践事例を同僚たちと検討し批評し合うという共同的な活動のなかで「反省的実践家」としての力量を形成していくことが可能になるのである．

4 介護労働者の専門的力量形成を支える諸条件

最後に，以上の考察に基づき，介護労働者の専門的力量形成を支えるために必要と考えられる条件をいくつか示す．

(1) 被介護者の生活の脈絡を十分に把握可能とする，ゆとりのある労働形態の実現

例えば，一晩に多数の被介護者のもとを巡回する夜間巡回型ホームヘルプサービスへの従事は，その必要性の是非は別にして，介護労働者の専門的力量形成の場としては不適切であると言わざるをえない．例えば高橋の紹介している事例では，ホームヘルパーが二人 1 組で 21 時から翌朝 9 時までの間に，19 ヵ所を巡回する．1 件当たり 10 分から 15 分程度のケアになる．高橋はこうした労働の過酷さと，賃金の低さを主に問題としつつ，こうした労働形態が介護労働の「数分刻みの切り売り」であると批判している．こうした分断化された就労形態は介護労働者が被介護者の生活の脈絡への「想像力」を発揮し，それを深めていく余裕を与えず，限られた時間の中で個別的な介護技能をできる限り効率的に被介護者に適用することのみに専心せざるを得ないという状況を作り出す．この結果，介護労働は上述の食肉加工職人の徒弟と同様に単純熟練労働の世界に閉じこめられてしまい，結果的に介護の質の低下を招くと考えられる．

個々の介護労働者が自分の担当する被介護者の生活の脈絡を十分に読みとることができるゆとりのある就労形態が実現されなければならない．

(2) 「事例研究」を職務のひとつとして位置づける

介護労働者を専門職として位置づけるとするならば，その専門的力量を維持・向上させるよう不断に努力することはひとつの義務となり，雇用者は介護労働者がそうした力量形成を職務として遂行することができるよう諸条件を整備しなければならない．具体的には，例えば「事例研究」を中

心とした介護労働者の専門的力量形成の場への参加を介護労働とみなし，賃金支払いの対象とするということなどである．こうしたシステムは介護福祉士等の資格をもち常勤職として採用された者だけではなく，今後高齢者介護を実質的に担うと予測される，一定の専門的力量をもった「パートタイマー型」労働者に対しても適用される必要がある．

(3) 職場を超えた介護労働者の交流を可能にする諸条件の整備

介護労働者の力量形成の重要な鍵のひとつは，上述のとおり「事例研究」をとおした他の介護労働者（とくに優れた介護労働者）との「学び合い」にある．したがって，介護労働者が自分が直接関わっている現場や職場の枠を超え，他の多くの介護労働者の実践にふれることができるよう諸条件を整備する必要がある．具体的には，他地域で開催される研究会への参加を出張扱いとして旅費を支給すること，事例報告集などの出版，流通への援助，活字メディア，インターネット等を利用した全国規模の研究交流の場の提供，等が考えられる．

文献

広井良典（1999）『日本の社会保障』岩波新書．
稲垣忠彦・佐藤学（1996）『授業研究入門』岩波書店．
Lave, J., and Wenger, E. (1991) *Situated learning : Legitimate Peripheral Participation*, Cambridge University Press.
Marshall, H. (1972) "Structural Constraints on Learning", in B. Geer (ed.), *Learning to Work,* Sage.
中田光彦（1995）『アドリブケアのすすめ』医学書院．
Schön, D. (1983) *The Reflective Practitioner*, Jossey-Bass.
髙橋道子（1996）『ホームヘルパー：老人介護三百六十五日』麦秋社．

5章
高齢社会における企業と雇用[1]
――多文化組織における知の創造――

川村尚也

1 わが国における高齢者雇用の特徴と政策対応[2]

一般に,先進各国における高齢者雇用のための政策オプションは,1) 再就業,2) 雇用維持(フルタイム,短時間雇用,解雇禁止),3) 非労働力化(失業給付,早期老齢年金,障害年金)の3つに大別される.わが国の高齢者は,先進国のなかでも最高水準の労働意欲をもち,実際の就労率も高いとされる[3].しかしながら,わが国の企業および社会には,1)「60歳定年制」のもとでの中高年進路選択制度,早期退職優遇制度,選択定年制,役職定年制,退職出向,専門職制度,2) 大企業ほど低い高齢者の継続雇用率(勤務延長・再雇用を含む),3) 定年後の就労意欲を削ぐ在職老齢年金・企業年金制度などにみられるような,「中高年労働者排除システム」が組み込まれており,この結果,近年多くの高齢者にとって,多様で不安定な「定年域」が,下方(より若い年齢)へと拡大しつつあるとされている.これに対して政府は現在,1) 65歳までの「多様な」雇用,2) 豊富な選択肢と安心で自由な選択,3) 時短・生涯労働時間の再配分による「段階的引退」,などを柱とする「65歳現役雇用構想」を推進しているが,国際競争力の強化に向けてリストラ圧力が強まるなかで,民間企業の動きは鈍いようにみえる.

本章ではこうした高齢者雇用の現状をふまえながら,本格的な高齢社会

---

1) 本章は川村(1999a,1999b)をベースに大幅に加筆・修正を行ったものである.本章の作成に当たっては平成9・10年度文部省科学研究費補助金(奨励研究(A)・課題番号09730089)の一部を使用した.研究期間中に社団法人ソフト化経済研究センター,関西大学経済・政治研究所,企業理論研究会などで本章の内容に関連した報告を行う機会があり,参加者から有益なコメントを頂いた.とりわけ「多文化組織」のイメージについては,ソフト化経済研究センターにおける「異者協働新組織研究会」(1998年度)での討議に負うところも大きい.記して感謝したい.

2) わが国における高齢者雇用の現状と政策対応については,稲垣(1993),高田(1993),三浦(1997),総務庁(1997)などを参照.

3) これは,「働かざる者食うべからず」などの言葉に象徴されるような日本人の労働倫理に加え,欧米先進各国と比べて社会保障制度の整備が遅れたため,経済的不安から高齢になっても働かざるをえない高齢者が少なくないことにもよると考えられる.

において産業・企業の国際競争力の維持・強化を可能にする，新しい企業組織や雇用のあり方について，高齢者だけでなく障害者や女性，外国人の雇用にも視野を広げて検討していきたい．

2 高齢社会・日本における産業・企業の課題

2.1 国際競争力強化への取り組み

はじめに，議論の前提を明らかにするために，いささか乱暴ではあるが，21世紀初頭における「高齢社会・日本」の経済のあり方を規定する，主要な構造的与件を整理しておきたい．この時期のわが国経済は，基本的には高度経済成長期以来の加工貿易型の特徴を維持しながら，低水準の不安定な成長を続けるであろう．付加価値を生み出す産業分野については，従来の製造業集中型から，多少情報通信系のサービス業へと分散化するが，現時点で，日本経済全体を牽引できるほどの成長力と国際競争力をもつサービス産業は未だ存在しないことから，経済全体の重心がサービス業に移動することは考えにくい．

また，この時期には，主として外国企業による国内市場への参入を中心に，経済の国際化が一層進展するであろう．低成長経済のもとでの競争激化の結果，あらゆる産業・市場分野で集中度が高まっていくとともに，とくに金融などのサービス分野を中心に，国内市場における外資系企業のプレゼンスも増大すると考えられる．

国内の経済活動および人口の地理的分布については，東京を筆頭に，京阪神，名古屋などの大都市圏，福岡，広島，仙台，札幌などの地方中枢都市圏への集中が進むであろう．これにともなって，いわゆる都市的生活様式がさらに普及し，「郊外市場」が拡大していくと考えられる．

高齢者人口の急速な増加は，健康・介護関連市場を拡大させるとともに，女性の高学歴化・社会進出と相まって，消費の成熟化とプロシューマー化を促進するであろう．高度な教育と職業経験を通じて得た知識に基づいて，

自らの責任と判断で効率的な購買行動をとる「賢い消費者」が着実に増加していく．また，これらの知識を活かして自ら小規模の生産・サービス活動に従事し，製品・サービスを消費者に直接提供していく「プロシューマー」も増加するであろう．女性の高学歴化・社会進出にともなって家事の外部化が進み，従来のどちらかというと受動的な「専業主婦」市場は，急速に縮小していくと考えられる．

わが国の多くの産業・企業は，こうした環境変化のなかで，いわゆる「グローバル・スタンダード」の下での国際競争力の獲得・強化に急ピッチで取り組んでいる[4]．こうした取り組みは，1) いわゆるリストラクチャリングやリエンジニアリング，アウトソーシングなどによる，コスト競争力および顧客ニーズへの迅速かつ的確な対応力の強化，2) 産業・企業組織の「知識創造力」[5]の強化による，新たな製品・サービスの開発あるいは高付加価値化，の2種類に大別される．

このうちまず1) については，多くの企業が，不採算事業の縮小・撤退や遊休資産の活用などのリストラクチャリング（事業・資産構成の再構築），主として間接部門業務のアウトソーシング（専業業者への外部委託）などを通じて，コスト競争力の強化に取り組んでいる．また製造業では，とりわけ間接部門および生産・流通系列を対象としたリエンジニアリング（業務の標準化・情報化・効率化），およびその結果としての余剰人員の削減が急ピッチで進められている．

これまで製造業に比べると相対的に国際競争の圧力から守られてきた，金融や流通，外食，レジャーなどのサービス業では，直接，間接を問わず全ての部門のリエンジニアリングが要請されている．近年これらの業種では，リエンジニアリングをいち早く達成した一部の大手企業が市場シェア

---

[4] ここでいうグローバル・スタンダードには，国際的な自由競争市場における競争ルールへの対応，環境問題への対応，知的財産権への配慮，製造物責任への対応などが含まれる．

[5] 野中・紺野・川村 (1990)，野中 (1990)，野中・竹内 (1996) などを参照．

を大きく伸ばし,景気低迷のなかでも安定した収益力を示している.またすべての産業分野で,大手企業を中心に,スケールメリットの実現に向けて,同業他社や異業種,海外企業を巻き込んだ,包括的な企業間提携やM&Aが積極的に進められている.

　一方,2)については,企業および産業レベルでの知識創造力の向上への関心がさまざまな分野で高まりつつあり,これに呼応して組織的知識創造についての研究および実践も徐々に拡がりを見せている.

　ただし,こうした国際競争力の強化への取り組みを概観すると,現時点では多くの産業・企業において1)への取り組みが先行しており,それによって浮遊化したさまざまな経営資源の,2)への投入が遅れているように思われる.例えば最近の失業率の上昇は,1)への取り組みによって従来の雇用の場から切り離された人的資源の多くが,2)をはじめとする新たな経済活動に活用されることなく,社会の内部に滞留しつつあることを示すものと考えることもできる[6].

　スムーズな労働力の移動を妨げている要因のひとつとして,情報の不完全性による国内労働市場の市場メカニズムの機能不全が挙げられる.従来,欧米先進諸国と比して流動性が低かった日本の労働市場では,市場メカニズムのスムーズな作動に必要な,効率的な情報流通の仕組みが未だ十分に整備されていない.多くの個人や企業は,自らの求める能力や職務を提供できる個人や企業を,拡大しつつある労働市場のなかから,うまく見つけだせないでいるようにみえる.

　また,情報の不完全性は,労働市場で取り引きされる商品である「職業能力」について,その評価基準の標準化が遅れていることによって,さらに助長されているように思われる.現時点では,商品としての「職業能力」の売り手である個人と,買い手である企業が,ともに信頼をもって依拠で

---

[6] 多額の教育投資をかけて育成され,高度な職業能力・経験をもつ日本の労働者の失業は,わが国の経済全体にとって大きな機会損失となる.

きるような，社会的に認知され標準化された「職業能力」の評価基準は，十分確立されていない．

　今後こうした問題は，近年急成長している人材紹介業や人材派遣業，社会人の職業能力開発のための教育ビジネス（ビジネススクールや専門学校など）の発展と，それにともなうさまざまな「資格」の標準化・普及によって，部分的には解消されるであろう．しかし，現時点でこれら人材ビジネスの主たる「商品」は，比較的定量・定型化しやすい，一般的な職業能力を有する個人に限定されており，このため今後後述するような意図せざる結果が生まれることも懸念される．

　労働力の移動を妨げている第2の要因として，労働市場における需給のミスマッチを挙げることができる．現在日本企業の多くは，前述の1）および2）への取り組みの過程で，長期継続雇用の慣行を見直しつつある．社内の中核的職務については，より高度な知識創造能力をもつ人材を，個別組織や産業の枠を超えて幅広く求める一方で，それ以外の補助的・周辺的職務については，可能な限り情報システムや派遣社員，外部業者などに代替させることで，人員削減を進めている．

　このように現在日本の労働市場では，一定水準の職業能力をすでに保有する個人への需要は増大しているが，そうした能力をもたない多くの個人にとっての雇用機会は，資格取得や人材派遣会社への登録などを通した，周辺的・補助的職務に限定されつつある．

　さらに，多くの日本企業は，従来その特色とされてきた，社内での長期的な教育訓練・能力開発のための投資や機能を，大幅に縮小しはじめている．一方，これまで社会人の職業能力開発をもっぱら企業に委ねてきた大学・大学院などの高等教育機関や，最近急成長している社会人向けのビジネススクールや専門学校などは，多くの企業が必要としている「高度な」職業能力を個人に付与する機能を未だもたない．この結果，現在わが国では社会人向けの「高度な」職業能力開発の場が，社会全体から徐々に失われつつあり，一旦雇用の場から切り離された個人が，企業外で再教育を受

け，企業の中核的職務の担い手として，労働市場に再参入するという「敗者復活」の可能性も，きわめて限られたものになりつつある．

2.2 高齢社会・日本の潜在的アジェンダ

このまま多くの分野で知識創造力の強化への取り組みが遅れつづけると，21世紀初頭にはわが国でも少なからぬ数の産業・企業が，十分な国際競争力を維持できなくなる危険性がある．さらに，そうした経済的に余裕のない状況で，高齢社会・日本は，例えば以下のような問題への対応を迫られることになりかねない．

(1) 労働市場の階層分化と下層部での労働意欲の低下

低成長経済のもとで企業間競争が激化し，あらゆる産業・市場で集中度が高まるなかで，前述のように，社会全体として高度な職業能力開発の場が減少すると，国内の労働市場では，労働者間の階層分化が一層進む可能性が高い．その結果，1）主として管理的・判断的・創造的職務に従事する知識労働者からなる，高学歴・高所得の「一級労働者」と，2）主として定型化された単純作業や周辺的・補助的職務に従事する労働者からなる，低学歴・低所得の「二級労働者」という，2つの労働階層が大きく分化していく可能性がある[7]．

さらに二級労働者については，1）情報化投資によって生産性が向上した現場では雇用機会が減少する，2）職業能力開発の場の減少によって一級労働者への階層移動が制限される，等の理由によって，より労働条件の劣悪な，低生産性・低収益・低賃金が構造的に再生産されるような職場へと，常に流れ下っていく傾向もみられるようになるだろう．

仮にこうした傾向が顕在化した場合，少子化にともなう若年労働力の減

---

[7] 山口（1996）は，ハーバーマス，オッフェらの社会システム理論と，パーキン，マーフィー（1988）らの社会的閉鎖理論の2つの観点から，こうした労働市場内部の階層分化を説明している．

少を受けて，とりわけ現時点ですでに労働市場で不利なポジションに置かれている女性，高齢者，障害者，外国人などが，二級労働者として労働市場の底辺に固定されていく可能性も高い．最近政府等が提唱している65歳定年制は，それまでの雇用契約を一旦打ち切ったうえでの再雇用という形での定年延長にみられるように，高齢の労働者の周辺的・補助的職務への配置を促進する傾向もある．男女雇用機会均等法の改正や高齢者，障害者の法定雇用率の引き上げなどによる法的規制の強化も，かえって女性や高齢者，障害者を定型化された単純作業を中心とした周辺的・補助的職務に集中させる危険性をはらんでいる．

　労働市場の階層分化は，とりわけ二級労働者を中心とした労働市場の下層部で，広汎な労働意欲の低下を引き起こし，彼らが主に雇用される工場や店舗，業務センターなどの現業部門において，生産性と収益性の低迷をもたらすことも懸念される．労働市場の上層への移動可能性が制約されたまま，産業社会の底辺で働き続けることを余儀なくされる労働者の間では，「正直者が馬鹿を見る」時代という認識が拡がり，勤勉に働くよりも「うまくやろう」，すなわちクビにならない範囲で適当にサボリながら，最小の努力・労力で可能な限り多くの報酬を得ようとする考え方が支配的になる．労働する能力を持ちながら自発的に失業し，年金や失業保険など広義の社会保障制度に依存しようとする労働者も増加し，結果として政府・自治体による社会保障関連支出の膨張を招くことも考えられる．

(2) 社会の不安定化

　低成長経済のもとで労働市場の階層分化が進むと，社会的な不公平感からくる感情的対立や，限られた雇用機会の奪い合いなど，年齢，性別，所得水準などの異なる諸集団間のコンフリクトによって社会が不安定になり，「社会レベルでの信頼の喪失」と「安定した日常生活および経済活動を確保するためのコストの増大」という形で，経済に悪影響を及ぼすことが懸念される．また，労働市場の階層分化は，異なる階層に属する労働者の生

活活動空間(住居と職場を軸とした日常の行動範囲)をも階層的に分離していく傾向があり，これによる相互接触の減少は，異なる社会・労働階層に属する人びとの間の相互不信を再帰的に増幅させることになる．

さらに，こうした閉塞的な状況に置かれた二級労働者の多くは，家庭・家族や職場，地域社会が形を変えていくなかで，個人としてのアイデンティティと生きることの意味を見失っていく可能性が高い．彼らは不安定な生活と，「近代」に固有のさまざまな「不安」に苛まれるなかで，それらを軽減・解消してくれる場を，仕事や家庭以外のさまざまな社会活動に求めるであろう．

その一部は，さまざまな NPO/NGO による，地域コミュニティや社会的弱者のための奉仕(ボランティア)活動や，趣味などの生涯学習活動に参加する可能性もある．しかし，現時点で，これらの活動の主な担い手が，経済的にも精神的にも一定の余裕がある，相対的に学歴と所得水準の高い一級労働者であることを考えると，余裕のない二級労働者の多くが，こうした活動に継続的に参加しつづけるとは考えにくい．

より現実的な可能性のひとつとして，最近の一部の新興宗教やネットワークビジネスなどにみられるように，組織が掲げる特定の価値観にすべての成員を強力に同化させ，それに完全に依存する形でのアイデンティティ形成を促進するカルト的団体が，経済的にも精神的にも余裕を失った多くの二級労働者を吸収して，その規模を拡大していくことも考えられる．これらのカルト的団体は，カリスマ的なリーダーのもとで，外部に明確な「仮想敵」を想定する等して，高い求心力・凝集性を維持している．成員の組織への忠誠心と組織との一体感，そして志気は極めて高く，リーダーが有能であれば，きわめて高い市場競争力をもつ．こうした団体が今後さらに規模を拡大し，特殊な価値観をもつリーダーに導かれて，他の社会集団に対して敵対的な行動をとると，社会はさらに不安定化していくことになる．

3 産業・企業の知識創造力の強化に向けた多文化組織の構築

21世紀初頭の日本社会において，以上のような悪循環の発生をくい止めるためには，前述のようにわが国の産業・企業の「知識創造力（Knowledge Creating Capability）」を強化していくことが急務となる．そのためには大きく分けて以下の3つの課題に，同時並行的に取り組んでいくことが求められる．

第1の課題は，産業や企業における知識創造活動の担い手となる「個人」の自由度の向上である．個人，企業・産業，社会のすべてのレベルで，従来の年齢や性別に基づく社会的分業の仕組み，職場における就業規則・業務慣行，伝統的な家族や地域社会の生活ルール，そしてこれらの社会的実践を再生産している諸法令など，既存の社会制度によるさまざまな制約から個人を可能な限り解放し，ライフデザイン（生き方），キャリアデザイン，ワークスタイルなどについて，独創的で多様な実験を奨励していくことが求められる．これによって個人は，直接経験によってしか獲得できない豊かな暗黙知を蓄積し，その知識創造能力を高めていくことが可能となる．

第2の課題は，前述したカルト的団体・企業で行われるような「同化・依存型」のアイデンティティ形成ではなく，ひとりひとりの組織成員が他の成員と密接に協働するなかで，他者とは異なる独自のアイデンティティを形成していけるような，いわば「異化・自立型」のアイデンティティ形成を可能にする，新しい雇用の場（職場・組織）の構築である．こうした職場・組織は，前述した「自由な個人」が直接体験を通じて豊かな暗黙知を獲得・蓄積して自立した個人へと成長し，同時にこれらの個人を知識創造に向けて動機づけていくために，必要不可欠な「場」を提供する．本章ではこうした組織を「多文化組織」と呼ぶ．

第3の課題は，企業と一般消費者，および企業と社会が，ともにそれぞれが保有する知を融合させて新しい知識を共同で創造していけるような，

「知的共創関係」の構築である．こうした「社会に開かれ，社会とともに知を創る」企業づくりは，本章の主題である多文化組織を構築・維持していくためにも不可欠の要素であり，欧米の企業・産業に比べて共同体的性格を強く残す日本の産業・企業にとって，今後より重要な課題となるであろう．その際には，企業と消費者や社会をつなぐ販売や広告宣伝，広報などの「境界連結」活動・部門により多くの自律性を付与し，より多くの資源を投入していくことが求められる．

以下ではこれら3つの課題のうち，これまであまり議論されてこなかった，第2の課題である「多文化組織」の構築に焦点を絞り，その具体的な展開の方向性を検討していきたい．

3.1 多文化組織の意義

本章で提唱する「多文化組織」とは，あえて定式化するならば「仲間とともに働き学び遊ぶなかで，多様な文化的背景をもつ人びとが，個々にユニークなアイデンティティを形成しつつ，相互に協力して普遍性の高い知を創造していく組織」と表現することができるだろう．こうした組織を構築していくことで，女性，高齢者，障害者，外国人など，これまで「壮健な日本人青・壮年男性」を基幹労働力としてきた日本企業におけるマイノリティによる，企業活動への，より直接的な参加が促進されると考えられる．

ただしこれは，女性や高齢者，障害者，外国人などを企業にとっての「異文化」と捉え，人権擁護的な見地から，これらの人びとを現在の企業組織に無理矢理押し込んでいくための組織モデルではない．また，今後の高齢社会において高齢・障害者が増加し一大マーケットとなるという現実を捉えて，これらの人びとの知と，その生活を支えることが期待されている女性や元気な高齢者の知を，有効活用していくためだけの組織モデルではない．いわんや，今後少子化が進むなかで，主として単純労働の分野における労働力不足を補うために，女性や高齢者，障害者，外国人を二級労

働者として国家的に総動員し，企業組織の周辺部に統合していくための組織モデルでもない．

そうではなく，これは第1に，現時点で多くの日本企業においてこれらの人びとが「異文化」と捉えられ，その能力開発と発揮が妨げられている現実から出発して，その現実を構造的に再生産している日本の企業や産業，社会における「同質化メカニズム」の存在と，その構造的限界を認識するための概念装置である．

第2に，今後わが国の産業・企業が知識創造力を強化していくためには，まずなによりも，知識創造活動の担い手となるひとりひとりの「個人」の，自由で主体的な活動を保証・支援していく必要がある．多文化組織とはこうした観点から，多様な文化的背景をもつ現実の「人間」は，ひとりひとりがお互いにとって「異なる存在」であるという，当たり前だがこれまで見過ごされがちだった現象学的・存在論的現実に根ざして，個人の能力を引き出し，活用していく組織のあり方を考えていくための概念装置である．

第3に，これからの「不安の時代」において，個人の知識創造能力を高め知識創造に向けて動機づけていくためには，ひとりひとりの個人が，自分の殻に引きこもらずに，多様な他者との高密度な相互作用を通して，他者とは異なるかけがえのない「個人」として，自らのアイデンティティを形成していくための場づくりが不可欠になる．多文化組織とは、そうした場のひとつとしての企業組織のあり方を検討していくための概念装置である[8]．

この背景には，これから一層「近代の徹底」を経験するであろう日本社会において，多くの人びとが不透明な未来やアイデンティティのゆらぎな

---

8) 最近の経営組織論では，野中・紺野（1999）や伊丹（1999）などが，「場」という概念に着目して新たな経営組織のあり方を模索しているが，そこでの「場」は第一義的には「イノベーション創出」のためのものであり，そのなかでの個人のあり方や変容にはあまり焦点が当てられていない．これに対して多文化組織は，個人のアイデンティティ形成のための「場づくり」が，結果として「イノベーション創出」にもつながる，という仮説に基づく組織モデルといえる．

ど，近代に特有のさまざまなリスクからくる「不安」に苛まれることになる，という見通しがある．こうしたリスクと不安の増大は，充実した教育制度と発達した情報メディアが個人にもたらす「知識」に起因する，優れて近代的な現象であり，知識社会の陰の側面といえる[9]．

以上のような多文化組織の「意義」を，問いの形で要約すれば次のようにも言えるであろう．現時点で，例えば女性，高齢者，障害者，外国人など，従来の日本企業における「マイノリティ」にとって「働きやすく」「働きがいのある」企業組織は，それ以外の人びとにとっても「働きやすく」，「働きがいのある」企業組織といえるのではないだろうか．こうしたマイノリティの能力を十分に活用できている組織は，その組織への参加を通じて，知識創造能力に代表される「高度な職業能力」をもつ個人が育っていく，優れた「人材育成能力」をもつ組織であり，それはとりもなおさず，高い知識創造力をもつ組織といえるのではないだろうか．またそうした意味で，日本のみならず多くの先進資本主義社会において，組織における女性，高齢者，障害者，外国人の活用度は，その組織の知識創造力を示す，優れた指標になりうるのではないだろうか．本章で提唱する「多文化組織」とは，以上のような問いを投げかけるためのモデルとして認識される必要がある．

3.2　多文化組織の効用と阻害要因

今後，わが国の産業・企業が，多文化組織の構築に取り組んでいくこと

---

9) 近代に固有のさまざまな「リスク」と，そのなかでの「再帰的企て」として，継続的に再構築され続ける「近代的自己」が，必然的に内包する多様な「不安」については，例えばギデンズ (1990, 1991, 1992) を参照．佐藤 (1993) は，日本においても今後，これまでの日本人のもつ「心情反射図式」を喪失した，より西欧近代的な自己が増加する可能性を示唆している．組織論の分野では，この佐藤 (1993) 以外に，こうした不安を内包した近代的自己のアイデンティティ形成と近代組織との関係について，詳細に検討した議論は多くない．例えばシャイン (1978, 1980) の組織心理学や「キャリア・ダイナミクス」モデルなどで前提とされている「自己」は，「安定した自我と健全な欲求をもつ自由な個人」とでも表現すべき「素朴な近代人」のイメージに近い．

で，どのような成果が期待できるのだろうか．第1に，個別企業のレベルでは，組織のひとりひとりの構成員が，他者とは異なるユニークなアイデンティティとそれに根ざした高い知識創造能力を獲得し，同時に組織的な知の創造に向けて強力に動機づけられることになる．現時点で日本企業の中核的な構成員である青・壮年の健常な日本人男性の知に，女性や高齢者，障害者，外国人などの多種多様な知を交える形で組織的知識創造のプロセスが促進され，独創的な製品・サービスの開発，あるいは既存の製品・サービスの高付加価値化が可能になるであろう．

第2に，前述のように，現状では二級労働者化していく可能性が高い女性や高齢者，障害者，外国人などが，知識労働者として経済活動により一層，直接的に貢献していくことで，労働市場の階層分化や労働意欲の低下が回避され，さらに付加価値，生産性，所得，税収の向上などのかたちで，社会や企業によるさまざまな教育投資の有効活用と回収も期待できる[10]．これにともなって，多くの人びとが，自らの生活を豊かにする可能性をもつ，多様な育児・家事や介護・看護，医療などの健康・福祉サービスに対する「必要」に目覚めるであろう．顕在化したサービス需要は，生産的な経済活動への参加によって得られた所得の裏づけを得て，実質的な購買力をともなう「有効需要」へと変容し，これらのサービスの市場規模も拡大していく[11]．

---

[10] 広井（1999）は「福祉」の経済効果として，1) 公共投資の分野論（ないし配分論），2) 家事労働の外部化による女性の労働力化と福祉サービスの効率化，3) 福祉と経済の持続的発展の3つのレベルの効果を指摘している．この枠組みによれば，多文化組織の構築への取り組みは，建造環境のバリアフリー（ユニバーサルデザイン）化投資や女性・高齢者・障害者・外国人への能力開発投資などの観点から 1) のレベルで，女性の労働力化と福祉サービスの効率化の観点から 2) のレベルで捉えることも可能であるが，より本質的には，組織成員の能力開発と組織内の異質な知の融合による，組織の知識創造力の向上と，とりわけ高齢・障害者の就労の促進による社会全体としての福祉のトータルコストの抑制を通じて，3) のレベルの，高齢・福祉社会における持続的な経済発展に資する取り組みのひとつとして捉える必要があろう．

[11] 武川（1991）は，専門家など第三者からみると有用性があるが，本人がそれを自覚していないか，あるいは意図的に拒否している社会サービスに対する望ましさ（潜在需要）

第3に，多文化組織においては，年齢や性別，身体機能，国籍などの面で多様な属性をもつ諸個人が，「仕事・職場」を通じて密接に接触しコミュニケーションを行うなかで，自らのアイデンティティと同時に，異質な他者との相互信頼関係を形成していく．このため多文化組織は，社会・経済レベルでは，今後近代の徹底にともなってさらに弱まっていく伝統的な「地域コミュニティ」や「家族・家庭」の機能を補うかたちで，「仕事・職場・会社」のもつ「社会的絆」（統合装置）としての機能を強化し，社会の安定化に貢献することも期待できる．

ただし，こうした多文化組織を構築していくためには，それを妨げる以下のような要因への対応が不可欠となるであろう．まず第1の阻害要因は，保護という名の「善意の檻」への「適応と精神的条件づけ」[12]である．この檻のなかでは，「所詮自分はマイノリティ（あるいは無能）なのだから，頑張っても能力には限界がある．保護があるなら無理して仕事をしなくてもいい」という自信喪失と諦観，消極的・依存的なアイデンティティの形成，労働意欲と能力の低下が循環的に増幅され，この檻に囚われたマイノリティは，自分で自分を「奴隷」や「囚人」のような否定的存在として形作っていく（セルフ・ラベリング）[13]．

を「必要（need）」，本人が自覚し，利用を望んでいる社会サービスに対する顕在化された欲求を「需要（demand）」として区別し，この需要に購買力がともなうことで「有効需要」化すると論じている．

12) セン（1992，1999）による功利主義への批判を参照．
13) 社会的に構築されるカテゴリーであるさまざまな「スティグマ」や「ラベル」が，個人のアイデンティティ形成に与える影響については，ゴフマン（1963）や，ベッカー（1963）らによるラベリング論の研究，およびテイラー（1994）らによる「多文化主義」と「承認の政治学」に関わる議論などを参照．マイノリティや社会的弱者のなかで，否定的なアイデンティフィケーションに陥っている人びとは，武川（1991）が示唆するように，専門家など第三者からみて潜在的に有用性をもつ「望ましい」社会サービスであってもそれを自覚できない，あるいは意図的に拒否する可能性がある．武川（1999）は，こうした人びとの社会参加を促し，「必要」レベルにとどまっている社会サービスへの「潜在需要」を顕在化させるために，専門家など第三者によるアドボカシー（政治参加への助力や代理），エンパワーメント（社会サービスの供給システムにおける，市場を介さないパワーの付与），インフォームド・コンセント（社会サービスの利用時における十分な説明と同意）の重要性を指摘している．

さらに，こうした状況で，個々の組織や社会にマイノリティを保護する余裕が失われると，残された有利な雇用や給付・取り扱いを巡って，マイノリティ集団間および集団内部で，限られたパイの奪い合いが発生する．このため，これらのマイノリティが，マジョリティを交えて，企業や社会全体の利益向上のために自発的・積極的に協力しあうことは，フリーライダー問題[14]と相まって，一層困難になる[15]．

第2の阻害要因は，集団や組織における異質排除のメカニズムである．これについては主として社会学・社会心理学の分野で研究が積み重ねられてきているが，例えば集団や組織による特定の成員の排除は，集団目標の効率的達成のための「功利的排除」と，集団成員の不安の解消のための「感情的排除」の2種類に分類することができる[16]．組織成員の間に失業の不安が高まっている最近の日本企業では，「経営体質の改善のため」という功利的排除を名目とした，女性や高齢者，障害者など企業内マイノリティに対する感情的排除が顕在化しつつあり，今後マイノリティ集団内，集団間，そしてマイノリティ対マジョリティの対立が強まることも懸念される[17]．

第3の阻害要因は，従来の年齢と性別，身体機能に基づいた社会的分業システムのもつ「時空間純化・異質排除」の圧力である．日本に限らず多くの先進諸国の社会では，年齢と性別，身体機能に基づいた社会的分業システムが，社会構造として強力に再生産されている．こうした構造に逆らって行動しようとすると，移動や資源の利用などにおいてさまざまな制約

---

14) オルソン（1965）を参照．
15) マーフィー（1988）の社会的閉鎖理論を参照．上野（1996）はこうした状況を「複合差別」と呼んでいる．
16) 森下（1994）を参照．
17) 集団における異質排除のメカニズムについては，マーフィー（1988）の閉鎖理論も参照．また，山岸（1998）が指摘するように，個人が「安心」できる同質的な集団内に埋没していると，外部の異者（人間一般）を「信頼」し，彼らと関係を構築して自らの知識・能力を拡張していく能力・性向が育ちにくくなる．

を覚悟しなくてはならない[18]．

　高齢社会・日本を維持していくための仕組みとして，こうした従来の社会的分業システムの限界は，広く認識されつつある．しかし，少子化のもとで介護分野などでの労働力不足を補うために，女性や高齢・障害者が二級労働者として動員され，男女雇用機会均等法や高齢者・障害者の雇用促進法などが，それを促進する手段として運用されることになれば，年齢や性別，身体機能というラベルとそれに基づく社会的分業システムが再生産され，多文化組織の構築はきわめて困難になるであろう．

4　国内外における多文化組織構築への取り組み事例

　21世紀初頭の高齢社会・日本で，以上のような阻害要因に対処しながら，優れた知識創造力をもつ多文化組織を構築していくためには，具体的にどのような施策が有効なのだろうか．以下ではその方向性を探るために，1) 大分県別府市において，障害者と健常者の協働を通じて高い競争力を維持している四輪・二輪・汎用部品メーカー，2) イギリスにおいて，雇用の場における年齢基準原理 (ageism) の解消に取り組んでいる非営利組織，そして 3) デンマークにおいて，マルチメディア技術を活用して高齢者や女性，若年失業者の職業能力開発を進めている地方自治体の取り組み事例を紹介する．

4.1　ホンダ太陽株式会社における多文化組織構築への取り組み[19]

　ホンダ太陽（株）は，1981年に大分県別府市の社会福祉法人太陽の家

---

18) 例えば平日の昼間という時間を取り上げた場合，人びとが従事すべき主たる業務は，子どもは勉強，女性は家事と育児，男性は有償労働，高齢者は趣味・奉仕，障害者はリハビリテーションであり，これに呼応して，子どもは学校，女性は自宅および周辺地域，男性はオフィス街の職場，高齢者は自宅および周辺地域，障害者は病院・施設など，「いるべき場所」が指定されている．こうした日常生活時空間の構造については，荒井ほか（1989，1996）など地理学の分野における時間地理学（Time Geography）の研究を参照．
19) 以下の事例作成に当たっては，ホンダ太陽株式会社の全面的な協力と支援を得た．と

表1 ホンダ太陽株式会社 1998年度従業員数

(単位：人)	健常者	障害者
職位別内訳	59	103
一般	37	90
班長	8	5
係長	5	4
課長	4	3
工場長・部次長	2	1
常駐取締役	3	0
職種別内訳	59	103
製造	30	98
生産管理	12	4
技術開発	6	1
総務・人事・経理等	8	0
経営	3	0

※98年12月31日現在．授産従業員41名を含む．

（重度身体障害者授産施設などを運営）と本田技研工業（株），および同社の協力部品メーカーの共同出資によって設立され，1982年には本田技研工業の特例子会社に認定された．事業所は別府市の本社・別府工場と，隣接する日出町の日出工場の2ヵ所で，主に自動車やバイクに使われるスイッチやグローブボックス，フューエルユニットなどの部品を製造している．

　ホンダ太陽では，多様な障害[20]をもつ従業員が能力に応じてさまざまな職位・職種につき，障害をもたない従業員と一体となって，一般の部品メーカーに匹敵する高い品質と生産性を実現している（表1参照）．同社は創業以来15年間，毎年着実に生産性と品質を高め，一度も経常赤字を出さずに売上を伸ばし，雇用を拡大してきた（図1参照）．1996年9月からは独自にISO9002の取得に取り組み，1998年3月に認証を取得している．

　同社の組織運営の最大の特徴は，障害をもつ従業員を「守りつつ甘やか

　　りわけ同社の山下猛・元常務取締役（故人），鈴木利幸・専務取締役，樋口克己・総務部長には深甚の謝意を表したい．一部の記述については，川村・山下・原（1996）および川村（1996）と重複する部分がある．
20）障害の種別は脳性麻痺55名，脊髄損傷9名，聴覚障害6名，頸椎損傷2名，切断4名，骨関節疾患5名，急性灰白髄炎4名，頭部外傷2名など多岐にわたっている．

ホンダ太陽(株)の業績および要員数の推移
(1998年度業績は見込み)

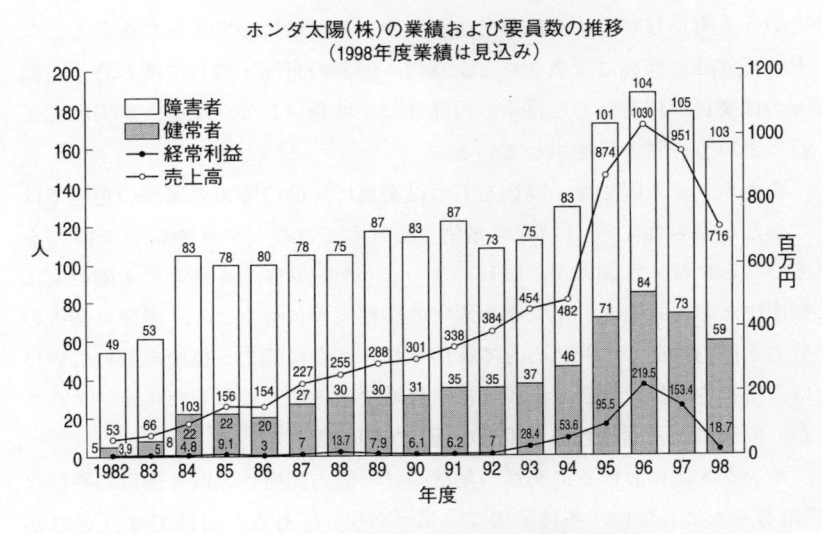

凡例：障害者、健常者、経常利益、売上高

年度	障害者	健常者	経常利益	売上高
1982	49	5	3.9	53
83	53	5	8	66
84	83	22	4.8	103
85	78	22	9.1	156
86	80	20	3	154
87	78	27	7	227
88	75	30	13.7	255
89	87	30	7.9	288
90	83	31	6.1	301
91	87	35	6.2	338
92	73	35	7	384
93	75	37	28.4	454
94	83	46	53.6	482
95	101	71	95.5	874
96	104	84	219.5	1030
97	105	73	153.4	951
98	103	59	18.7	716

図1　ホンダ太陽(株)の業績および要員数の推移

さない仕組みづくり」を通じて，すべての従業員の動機づけと能力開発に最重点を置いていることにある．同社では「人を通じた生産性向上」を経営方針として掲げ，障害をもつ従業員に対して，1) 障害をもたない従業員と同一の処遇を行うことで，「否定的なアイデンティティ」を継続的に揺さぶり続ける，2) 豊富な挑戦・能力開発の機会と，個々人の努力へのきめ細かいフィードバックを提供することで，より肯定的なアイデンティティの創造を支援・促進する，という2種類の働きかけを行ってきた[21]．

具体的には，まず，「何より人間　夢・希望・笑顔」「一人一人が主役」「We are the creative challengers」という，障害の有無に関係なく，すべての従業員が自分自身のモットーとして受け止めることのできる，普遍的な経営理念が設定された．これは，「うちには障害者という人も健常者

[21) こうした働きかけは，達成動機の心理学における随伴性認知 (perceived contingency)，学習性無力感 (learned helplessness)，自己効力 (self efficacy) などの概念による分析も可能であろう．詳しくは宮本・奈須 (1995) を参照．

という人もいない」,「なにができないかより,なにができるかをみる」などの経営陣の言葉に象徴されるように,障害の有無・内容に関わらず,個々の従業員の現有能力と将来の可能性にだけ着目して,配置・能力開発を行うという経営方針を示している.

またホンダ太陽では,障害をもつ従業員に,他の障害者雇用の現場ではなかなか得られない,「将来の希望」を与えている．ケガや病気で障害をもつことになった個人が,厳しいリハビリテーションを了えて太陽の家に授産生として入所し,ホンダ太陽での業務実習につくと,その後は個人の努力と能力に応じて社員として採用され,さらに能力・技術を磨いていけば,班長や係長,課長,部長等にも昇進できる[22].こうしたキャリアパスが,障害者の管理職への登用等を通じて明示されている.

ホンダ太陽における従業員の動機づけと能力開発への取り組みの特徴は,「誰も一人にしない,多種多様な仲間づくり」にある．同社では「遊びがあってはじめて人生」「医職住友遊」などの言葉に象徴されるように,さまざまなサークル活動や誕生日会,各種パーティ,社員旅行,地域住民やホンダ車のディーラーを巻き込んだ祭りなど,さまざまなイベントを通じた「共に学ぶ仲間づくり」を会社が支援し,さらにそれを地域や国内各地,海外にも開いていっている.

こうした仲間づくりを通じて,自らの可能性に気づいた従業員に対しては,「オン・ザ・チャンス・トレーニング（OCT：機会を与えることによる訓練）」あるいは「3割人事（3割出来そうであれば,思い切って新しい仕事を任せてみる）」などの方針で,思い切った能力開発・発揮の機会が提供される．さらに,OCTや3割人事で仕事を任せたあとは,「なんとかならないか」,「がまん対がまん（会社もがまん,本人もがまん）」を合い言葉に,本人の成長（能力の向上）を忍耐強く見守っていく.

こうしたホンダ太陽の組織運営の特性は,組織内の個の多様性を顕在化

---

[22] 後述する「正統的周辺参加」のプロセスとして理解することができる.

させる，「学び合う共同体づくり」と捉えることができる．それは，組織を「『みんな』に閉じる」のではなく「『ひとりひとり』に開いていく」組織づくりであり，従業員ひとりひとりが職場での仕事と学び，遊びを通じて主体的に能力開発に取り組み，他者とは異なるユニークな自分自身を作っていくことを奨励し，組織内部の多様性を高めることで，組織としての競争力を高めていこうとする，ユニークなアプローチといえる．

これと相まってホンダ太陽を支えているのが，同社を取り巻く外部環境（ステークホルダー）の卓越したマネジメントである．まず同社は，共同出資会社および特例子会社という制度的特性を積極的に活用することで，親会社である本田技研工業および太陽の家それぞれとの関係を適切に維持し，高い自律性を確保している．技術力に裏打ちされた好調な業績が，こうした微妙な「組織間距離のマネジメント」を，さらに強固なものにしている．

また，授産施設である太陽の家を中心に，太陽の家と民間企業との共同出資会社（オムロン太陽，ソニー太陽，ホンダ太陽，三菱商事太陽等）で構成される「太陽の家グループ」内では，永年の調査研究と実践のなかで，さまざまな障害に応じたジョブ・アダプテーション（職種開発）技術が継続的に開発・蓄積・共有されている．このなかで太陽の家は，このジョブ・アダプテーション技術をコア・テクノロジーとする，「研究所」あるいは「学校」として，重要な役割を果たしている．

4.2 エイジ・コンサーン・イングランドによるエンプロイヤーズ・フォーラム・オン・エイジの取り組み[23]

エイジ・コンサーン・イングランド（Age Concern England：以下ACEと略称）は，1940年代以来の伝統をもつ，高齢者支援のためのイギ

---

23) 以下の事例作成にあたっては(株)富士通総研 (1998)，ACE/EFA の各種資料およびホームページを参考にした．また ACE については武川 (1992) も参照．

リス最大の非営利組織であり，1998年時点でイングランド地域に 1,100 の地区組織と 18 万人のボランティアのネットワークをもつ．ACE は，高齢者向け保険の販売などの事業活動や寄付金を収入源として，各地区組織によるさまざまな高齢者福祉活動を支援している．

エンプロイヤーズ・フォーラム・オン・エイジ (Employer's Forum on Age：以下 EFA と略称) は，企業・雇用の場における年齢基準原理 (ageism) の撤廃，および mixed-age (or balanced) workforce の実現・活用による skill-shortage の克服を目的として，ACE がイニシアティブをとって 1996 年 5 月に創設された企業フォーラム (「a network of leading employers who, through first hand experience, know the business value of attracting and retaining experienced employees regardless of age」) である．加盟企業・団体は当初の 30 社・団体から，1998年には広告，製造，金融，経営コンサルティング，教育機関，人材紹介，小売，情報通信，レジャー，地方自治体，中小企業連合会，電力，法律事務所，TECs (Training and Enterprise Council)，政府機関，ボランティア団体など，約 60 社・団体へと増加している．

EFA は 1996 年から 97 年にかけて，加盟企業の Austin Knight 社と共同で，イギリスの雇用現場における年齢差別の実態について調査を行い，企業における ageism (年齢を基準とした差別的処遇)，企業における技能不足 (熟練労働者と若年労働者の知識格差) への危機感，若者による高齢労働者への偏見，若者への年齢差別の存在，40 代女性および 50 代男性への年齢差別などの存在を明らかにした．

さらにこの結果を承けて，1998 年までに，第 1 回「Age & Recruitment into the 21st century」(報告書名：Getting the balance right in recruitment，内容：企業の競争優位を維持する上での年齢差別の弊害について)，第 2 回「Framing Workable Legislation」(Age discrimination legislation—a view from employer, 企業からみた年齢差別禁止法の必要性について)，第 3 回「Managing the size and balance of the workforce（同，雇用調整時の年齢差別の弊害について），第 4 回「Barriers to flexible retirement」(The modernisation of retirement, 段階的退職制度の検討)などのワークショップを開催した．

EFA では今後，「若年労働者への差別（youth discrimination）」，「高齢労働者の動機づけおよび教育訓練（motivation of plateaued worker）」，「ラインマネジャーの高齢者への偏見」などのテーマで，随時ワークショップを開催していく予定である．また四半期ごとにニュースレターが発行されており，最近では Screening by phone, Mature graduates, Experience counts, Youth discrimination, Teleworking, Flexible retirement, Over 50s Job Club, Re-recruiting, Over-qualified syndrome などのトピックが取り上げられている．

4.3 ネストヴェ市による遠隔教育への取り組み[24]

デンマークの地方自治体のひとつであるネストヴェ市（Næstved Kommune）は，首都コペンハーゲンの南西約 90 km にある人口 4 万 6,000 人の地方中核都市である．同市はかつて製材・製紙・製鉄業などで栄えたが，中小企業が多く，80 年代以降は構造不況と高い失業率，人口の高齢化に悩まされている．1994 年にデンマーク政府が全国に光ファイバー網を張り巡らす「Info-Society 構想」を発表すると，市議会は「Næstved Info-Samfund 2000 (Næstved Information Society 2000) 構想」を可決し，政府によって全国 10 ヵ所の情報化モデル都市のひとつに認定された．

ネストヴェ市は，1995 年に，Tele Danmark 社（デンマークの最大の電話会社），Stofa 社（地元の CATV 局）と共同出資で，Næstved Info-Samfund 2,000 社を設立し，1996 年には総工費 1100 万 ECU（約 16 億円）

---

24) 以下の事例作成にあたっては(株)富士通総研 (1998)，ネストヴェ市の各種資料およびホームページを参考にした．

をかけて，Stofa 社の CATV 網（1万9,000世帯加入）と Tele Danmark 社の Euro-ISDN（全世帯加入）からなる，市内情報通信網「Næstved City Net」を完成した．1997年から独自のコンテンツの充実を進めており，市議会の審議内容や都市計画などの情報開示，市議会への陳情受付のほかに，Tele Danmark 社および地元紙 Sjælandske Dagblade との共同出資で Næstved Net 社を設立し，市内の観光情報サービス，市民団体等による文化催事情報サービス，電子図書館サービス，電子市役所サービスなどを提供している．

また市民のインターネット利用促進のために，Stofa 社および Tele Danmark 社との特別契約によるインターネット使用料の市民割引を行っているほか，小学校へのインターネット導入，在職社会人や失業者のための遠隔教育の実施，高齢者センター等への高齢・障害者のためのインターネットカフェの設置，インターネット端末を備えたミニ行政サービスセンターの開設，商店街等公共の場所への無人情報端末（Info Kiosk）の設置なども進めている．

このうち，失業中の若者や女性，高齢者，障害者等への遠隔教育（tele education）の取り組みは，情報教育を中心としたインターネット上での遠隔教育を通じて，年齢，性別，社会階層，職の有無を問わない社会的ネットワークを創造し（create a social network irrespective of age, sex, social status, and job status），この社会的絆を利用して失業者の自助努力（"help yourself" principle）を促し，労働市場（そして社会）への統合または再統合（integration and re-integration to labour market）を進めようとするもので，情報技術を通じて労働市場（そして社会）に戻るための（back to the labour market via information technology），「新経路（New Pathways）プロジェクト」と呼ばれる．

このプロジェクトはネストヴェ市，デンマーク教育大学（Denmark's Teachers College：DTC），全国オフィス労働者組合の教育サービス会社である HK Modul Data 社（HKMD），IBM デンマークの4者による共同

プロジェクトとして1998年2月から2001年3月まで実施され，市内の16-25歳の失業者（失業保険受給者1,000人および生活保護受給者1,500人），40歳以上の女性（失業者600人および再就職希望の専業主婦600人），失業中の大卒者（40人），高齢・障害者（早期退職年金受給者2,500人を含む）などをターゲットとしている[25]．

ネストヴェ市では1998年2-4月にかけて，市内5ヵ所（主として高齢者センター）に約25 m^{2}のOpen Data Centre（ODC）を開設し，各センターにWindows 95，MS Office 95，Lotus Notes 4.5，Lotus Smart Suite kit，Learning Spaceなどがインストールされたパソコン10台とプリンタ5台を設置した．各センターに常駐して利用者を支援するアシスタントは，利用者と対等で親密な関係がもてるように，前述の対象者グループから採用された．98年4月からはHKMDとDTC，ODCをインターネットで結んで，情報処理基礎コース，読み書き基礎コース（小学校レベル），中学卒業資格取得コース，大学入学資格取得コース，職業資格取得コースなどの遠隔教育プログラムが開講されており，プロジェクト終了までに約300人の受講が見込まれている．また修了者にはHKMDやIBM，ネストヴェ市が，就職斡旋や個人事業主としての開業支援を行うことが予定されている．

5 多文化組織構築に向けた諸課題

5.1 組織レベルの課題

これからの日本社会において多文化組織を実現していくためには，まず企業や団体など各組織レベルで，以下の2つの課題に対応していくことが求められるであろう．

(1) ユニバーサルな業務システムおよび採用・評価基準の確立

---

[25] ネストヴェ市の1992年度の高校進学率は約33%，大学進学率は約15%である．

第1の課題は,ホンダ太陽やEFAの事例にもみられるように,多種多様な社会的・肉体的属性と価値観をもつ人びとが「同じ土俵(equal footing)」で働くことができるような,「ユニバーサルな業務システムおよび採用・評価基準」を確立することである.

　そのためにはまず,女性や高齢者,障害者など特定の社会的・肉体的属性をもつ人びとに対する採用,教育,昇進・昇格,評価,給与等の面での「特別待遇」を,明確に制度化されているものだけでなく慣行も含めて,可能な限り廃止していくことが必要である.その狙いは,こうした特定の属性をもつ人びとに対するラベル(社会的カテゴリー)が組織内で構築・再生産されることを防止することにある[26].

　実質的に女性や高齢者,障害者だけのための職種や俸給表,就労・契約形態(就業規定,パート契約,嘱託契約等)は,仮にその当初の目的が「保護」であっても,その後時間が経過して,こうした制度の存在そのものが,他の人びとおよびこれらの人びと自身に,女性や高齢者,障害者に対する「固定観念」を抱かせてしまっていることによるデメリットが大きくなった場合には,廃止も含めて抜本的に見直しを行うべきであろう.労働法令や税制,年金,社会保険等の社会制度に基づく,一部の「特別待遇」については,個別組織の努力には限界があるが,制度の社会的価値や意味はその運用方式によって大きく左右されるので,その逆機能を最小化するような運用が求められる.

　また,どのような社会的・肉体的属性をもつ人でも「障害」なく仕事が行えるように,マルチメディア技術[27]や「裁量労働制」等の新しい技術や制度を開発・活用して,組織内部の業務の仕組み(オフィス環境を含む)

---

26) キツセ&スペクター(1977)が指摘するように,こうした「特別待遇」は,組織内で「女性問題」「高齢者問題」「障害者問題」等の「組織内問題」を構築してしまう危険性がある.
27) 知識創造のためのマルチメディア技術の活用の方向性については,例えば川村(1997)を参照.

を再構築していくことも重要である．例えば，毎日同じ場所に同じ時間いないと仕事をしたことにならない，あるいは実際に仕事ができない，という従来の業務の仕組みを見直して，多様な社会的・肉体的属性をもつ社員がそれぞれの特性に応じた働き方が出来るような，SOHO（Small Office, Home Office）やサテライト・オフィスにおけるテレワーク等，多様なワークスタイルを開発していくことが求められる．前述のネストヴェ市では，Open Data Center を将来はテレワークのためのサテライト・オフィスとして活用していくことを検討している．また，歩行障害や視聴覚障害をもつ人でもオフィス内で障害なく仕事に取り組めるような，オフィス環境のユニバーサル・デザイニングも重要な課題である．

(2) 実践共同体への正統的周辺参加による仕事・遊び・学びの融合

組織レベルでの第2の課題は，ホンダ太陽の取り組みに象徴的にみられるように，多くの人びとがこれまで別々のものとして捉えてきた「仕事」と「遊び」，「学び」の3者をひとつのものとして融合させ，働く個々人に対して，仕事を通じたアイデンティティ形成を軸とした，新たな動機づけと能力開発の「場」を開発・提供していくことである．

現在，多くの日本の労働者にとっての「働くことの意味」は，「衣食住のための仕事」「体面のための仕事」「暇つぶしのための仕事」などが一般的であろう．これに対して多文化組織では，組織の構成員にとっての「仕事（働くこと）」の意味は，仲間とともに働き，学び，遊ぶことを通じてそれぞれの個人が能力をのばし，ユニークなアイデンティティを形成していく，「主体的な協働学習としての仕事」となる．

従業員にとっての「会社」や「職場」の意味をこのように変化させていくためには，従来のような「構成員の保護・管理システム」や「仕事のための物理的な空間」としての会社（職場）づくりではなく，「構成員が共に働きながら相互に学び合う共同体」としての会社（職場）づくりが重要な課題となる．具体的には，最先端の技術で高度に精緻化された業務・情

報システムを基盤として，最近のリストラクチャリングやリエンジニアリングの風潮のなかでなおざりにされがちな，「個々人の学習と成長」「能力開発」「仲間づくり」「対面接触」「コミュニケーション」「経験」「熟練」「遊び」などを軸にした，多様な会社（職場）づくりへの取り組みが求められる．

こうした「構成員が共に働きながら相互に学び合う共同体」としての会社（職場）づくりと，そこにおける個人の「仕事を通じた職業能力開発とアイデンティティ形成」というモデルは，近年教育学・発達心理学や認知科学の分野で研究が進められている「新しい学習・知識観」に基づくものである．その中心となる考え方は，広くは状況的認知（Situated Cognition）や状況的学習（Situated Learning）などと呼ばれ，すべての知識は，それが現実社会で実際に利用されている特定の社会的状況のなかに不可分のものとして埋め込まれており，したがってすべての学習も，その対象となる知識が利用されている特定の社会的実践と不可分であるとする考え方である．

この「新しい学習・知識観」に基づく研究成果のひとつに，「正統的周辺参加（Legitimate Peripheral Participation）」という学習モデルがある．それによれば，学習とは1）教育とは別の，個人の主体的な営みであり，2）現実社会で活動しているなんらかの実践共同体（Community of Practice）の一員として認められ，その仕事の一部を担って共同体に貢献することであり，3）個人が何らかの意図をもってその実践共同体に新参者として参加し，そのなかで仕事をしながら次第に古参者（ベテラン）へと成長し，共同体への関わりを深めていく，アイデンティティ形成（自分づくり）のプロセスである．大まかに言えば，このうち2）が正統性，3）の「時間とともに変化し続ける参加のあり様」が周辺性を意味し，この「周辺性」のひとつの現れとして，ある共同体でひとり前になった古参者が，それぞれの新たな可能性を求めて，適宜共同体から退出して別の共同体に新参者として参加するという，メンバーの入れ替わりによる実践共同

体の「新陳代謝」とも呼べるプロセスを説明することができる．そして，こうした正統的周辺参加による学習を促進するためには，意欲をもった個人が「教育の機会」にではなく，実践共同体のすべての活動と構成員，そこで用いられている道具や資源，情報に，自由にアクセスすることが保障される必要がある[28]．

すでに述べたように，21世紀の日本社会を生きる個人にとって，自己のアイデンティティ形成が大きな関心事になるとすれば，これからの日本の企業や団体は，こうした「実践共同体への正統的周辺参加」による学習モデルを手がかりに，とりわけ「職場」レベルでの実践共同体づくりを通じて，組織成員の能力開発とアイデンティティ形成を積極的に支援していくことによって，「自由な個人の自律的なコミットメント」を引き出すことができるであろう．また，知識を持つ能動的な「教師」から知識を持たない受動的な「生徒」への，形式知の一方的な伝達を中心とした近代教育[29]と異なり，個人の主体的・能動的な実践を通じて，仲間とともに語り合いながら行われる学びは，知の創造の原点である，暗黙知と形式知の相互作用を促進すると考えられる．

5.2 社会レベルの課題

ただし，これらの組織レベルの課題を解決していくためには，以下のような社会レベルの課題にも，同時に取り組んでいく必要があるだろう．

---

[28] 1920-30年代のロシア心理学，とりわけヴィゴツキー（L. S. Vygotsky）やレオンチェフ（A. N. Leont'ev）らによる「活動理論（Activity Theory）」の研究成果などを背景にもつ新しい学習・知識観の概要についてはエンゲストローム（1987），高木（1996）を参照．「実践共同体（Community of Practice）」の概念についてはBrown and Duguid（1991），Wenger（1998），「正統的周辺参加」の概念についてはレイヴ・ウェンガー（1991）を参照．教育学の分野ではこうした観点から，佐伯（1998），稲垣・波多野（1998）などが，学校を中心とした教育の場における「学び合う共同体」構築の必要性を指摘している．また本章で提唱する，近代の専門家システムを前提とした実践共同体づくりは，ギデンス（1990）のいう「再埋め込み（reembedding）」や「再熟練化（reskilling）」に相当すると考えられる．

[29] 例えばフレイレ（1970）第2章などを参照．

(1)建造環境のユニバーサル・デザイン化

このレベルでは第1に,欧米先進国での取り組みに倣って,道路や駅,商業集積など,都市・社会の物理的インフラストラクチャー(建造環境)のユニバーサル・デザイン化が,喫緊の課題となる.こうした建造環境の更新・改善については大規模な投資が必要となるため,今後の経済成長率の鈍化を見越して,可能な限り早急に取り組んでいくことが望まれる[30].

(2)多様な共学びネットワークの多重ネットワーキング

第2に,多様な「学び合う共同体」(ここでは「共学びネットワーク」と呼びたい)の創造による,多重ネットワーキング社会の構築が求められる.具体的には,ひとりひとりの個人が,職場や異業種交流会,同窓会,家族・親族,地域コミュニティ,ボランティア活動や趣味の集まりなど,部分的に重なり合うさまざまな「共学びネットワーク」の結節点として,ユニークなアイデンティティ形成を行っていくことのできる社会である.こうした「共学びネットワーク」を,社会の内部で継続的に創造し,ひとりでも多くの市民が,それらのどこかにつながるように,あたかも投網を重ねるように,それらのネットワークを何重にも重ねていくことで,高い知識創造力と構造的な安定性をもつ,成熟した知識社会が実現されることになるだろう[31].ホンダ太陽やネストヴェ市の取り組みは,こうした社会的ネットワークの創造という観点からも,注目すべき事例といえる.

(3)多文化組織を支える新たな社会ルールの構築

そして最後に,女性や高齢者,障害者などを含む,多様な観点からの社会批判を通じて,現代の日本社会において「文化」や「伝統」とされてい

---

30) 建造環境のユニバーサル・デザイン化については野村(1995)などを参照.
31) 多様な「学び合う共同体」による多重ネットワーキング社会のイメージについては,見田(1996)の「交響態・の・連合態」や栗原(1997)の「共生社会」の議論と重なり合う部分がある.

るさまざまな社会慣行に埋め込まれている異質排除のメカニズムを，目に見える形で顕在化させていく必要がある[32]．そしてそれだけに止まらず，そうした異質排除構造の認識をふまえて，高齢社会・日本の「現実」に相応しい，新しい社会ルール（例えば新しい法令や社会常識，倫理，慣行等）を，日本固有の文化や伝統とは明確に区分された形で構築していくことで，異質排除構造の再生産を防止していくことが求められる[33]．

文献

荒井良雄・岡本耕平・神谷浩夫・川口太郎（1989）『生活空間　都市の時間』古今書院．

荒井良雄・岡本耕平・神谷浩夫・川口太郎（1996）『都市の空間と時間』古今書院．

Brown, J. S. and Duguid, P. (1991) "Organizational Learning and Communities-of-Practice : Toward a Unified View of Working, Learning, and Innovation," *Organization Science*, 2-1, pp. 40-57.

ベッカー，H. S.（1963）『アウトサイダーズ　ラベリング理論とはなにか』新泉社（村上直之訳　1978年）．

エンゲストローム，Y.（1987）『拡張による学習　活動理論からのアプローチ』新曜社，（山住勝広・松下佳代・百合草禎二・保坂好子・庄井良信・手取義宏・高橋登訳　1999年）．

フレイレ，P.（1970）『被抑圧者の教育学』亜紀書房（小沢有作訳　1979年）．

富士通総研（1998）『高齢社会を支える健康・福祉サービス等に関する調査』報告書，平成9年度経済企画庁委託調査．

---

32) ホブズボウム＆レンジャー（1983）によれば，さまざまな近代社会で独自の「伝統」や「文化」と認識されているものの多くが，実は近代に入ってから人為的に創出・捏造されたものである．たとえば，「家庭を守り，子どもを育て，外で働く夫を支える」日本女性の生き方は，江戸期以来の儒教文化の伝統の現れとして説明されることが多かったが，瀬地山（1996）は，同じ儒教文化圏に属する中国，台湾，韓国の女性の生き方との比較の中で，日本近代における『主婦』の誕生とその特性を明らかにしている．こうした「伝統」や「文化」の再検討は，国家・行政による制度の再設計への取り組みとともに，ギデンス（1992）のいう「ライフ・ポリティクス」，すなわち個々人が自らの生き方のあらゆる局面を政治化していく取り組みによっても駆動されていくことになるだろう．

33) 例えば瀬地山（1996）は，日本の高齢社会への移行のなかで，女性の生産労働への参加を促すために，税金や年金，保険などの面での「主婦優遇制度」を廃止していくことを主張している．

ギデンズ, A.（1990）『近代とはいかなる時代か』而立書房（松尾精文・小幡正敏訳　1993 年）.
ギデンズ, A.（1991）*Modernity and Self Identity—Self and Society in the Late Modern Age*, Stanford University Press.
ギデンズ, A.（1992）『親密性の変容』而立書房（松尾精文・松川昭子訳　1995 年）.
ゴッフマン, E.（1963）『スティグマの社会学』せりか書房（石黒毅訳　1970 年）.
広井良典（1999）『日本の社会保障』岩波書店.
ホブズボウム, E.・レンジャー, T.（1983）『創られた伝統』紀伊國屋書店（前川啓治・梶原景昭・他訳　1992 年）.
稲垣佳世子・波多野誼余夫（1998）「学校化された学びのゆがみ」佐伯他（編）『岩波講座・現代の教育 3　授業と学習の転換』岩波書店, pp. 70-91.
稲垣毅（1993）「高齢者雇用管理の変化と展望」島田晴雄・稲垣毅（編著）『高齢者の労働とライフデザイン』第一法規出版, pp. 39-69.
稲垣毅・井上俊・上野千鶴子・大澤真幸・見田宗介・吉見俊哉（編）（1995）『岩波講座・現代社会学 2　自我・主体・アイデンティティ』岩波書店.
稲垣毅・井上俊・上野千鶴子・大澤真幸・見田宗介・吉見俊哉（編）（1995）『岩波講座・現代社会学 11　ジェンダーの社会学』岩波書店.
伊丹敬之（1999）『場のマネジメント　経営の新パラダイム』NTT 出版.
川村尚也（1996）『王様のレストランの経営学入門』扶桑社.
川村尚也（1997）「創知環境としてのマルチメディアの可能性」『オフィス・オートメーション情報系』Vol. 17, No. 5.
川村尚也（1999a）「高齢社会・日本における知識創造型組織の課題　異者協働組織・社会の可能性を中心に」関西大学経済政治研究所.
川村尚也（1999b）「高齢社会における企業と雇用　異者協働組織の構築による知識創造力の強化に向けて」経済企画庁物価局『高齢社会を支える健康・福祉サービス等に関する研究会報告書』.
川村尚也・山下猛・原真志（1996）「成長のマネジメントによる異者協働組織の可能性　ホンダ太陽（株）の事例を通して」『組織学会 1996 年度研究発表大会報告予稿集』東京経済大学.
キツセ, J. I.・スペクター, M. B.（1977）『社会問題の構築』マルジュ社（村上直之・中河伸俊・鮎川潤・森俊太訳　1992 年）.
栗原彬（1997）「共生ということ」栗原彬（編）『共生の方へ』弘文堂, pp. 11-27.
レイヴ, J.・ウェンガー, E.（1991）『状況に埋め込まれた学習』産業図書（佐伯胖訳　1993 年）.
見田宗介（1996）「交響圏とルール圏」井上他（編）『岩波講座・現代社会学 26

社会構想の社会学』岩波書店，pp. 149-175.
三浦文夫（1997）『図説　高齢者白書1997』全国社会福祉協議会.
宮本美沙子・奈須正裕（編）（1995）『達成動機の理論と展開』金子書房.
森下伸也（1994）「暴力なき集団は可能か　集団と排除」宮本・森下・君塚（編）『組織とネットワークの社会学』新曜社，pp. 30-44.
マーフィー, R.（1988）『社会的閉鎖の理論』新曜社（辰巳伸知訳　1994）.
野村みどり（1995）『バリアフリー』慶応義塾大学出版会.
野中郁次郎（1990）『知識創造の経営』日本経済新聞社.
野中郁次郎・紺野登（1999）『知識経営のすすめ』ちくま新書.
野中郁次郎・紺野登・川村尚也（1990）「組織的知の創造の方法論」『組織科学』Vol. 24, No. 1.
野中郁次郎・竹内弘高（1996）『知識創造企業』東洋経済新報社.
オルソン, M.（1965）『集合行為論』ミネルヴァ書房（依田博訳　1983年）.
佐伯胖（1998）「学びの転換」佐伯他（編）『岩波講座・現代の教育3　授業と学習の転換』岩波書店，pp. 3-24.
佐藤俊樹（1993）『近代・組織・資本主義　日本と西欧における近代の地平』ミネルヴァ書房.
瀬地山角（1996）『東アジアの家父長制　ジェンダーの比較社会学』勁草書房.
シャイン, E. H.（1978）『キャリア・ダイナミクス』白桃書房（二村敏子・三善勝代訳　1991年）.
シャイン, E. H.（1980）『組織心理学（原著第3版）』，岩波書店（松井賚夫訳　1981年）.
セン, A.（1992）『不平等の再検討　潜在能力と自由』岩波書店（池本幸生・野上裕生・佐藤仁訳　1999年）
セン, A.（1999）『自由と経済開発』，日本経済新聞社（石塚雅彦訳　2000年）.
総務庁（1997）『高齢社会白書（平成9年版）』.
高田一夫（1993）「長寿社会の労働政策　国際比較と政策課題」島田晴雄・稲垣毅（編著）『高齢者の労働とライフデザイン』第一法規出版 pp. 213-234.
高木光太郎（1996）「実践の認知的所産」波多野誼余夫（編）『認知心理学5　学習と発達』東京大学出版会，pp. 37-58.
テイラー, C.（1994）「承認をめぐる政治」ガットマン, A.（編）『マルチカルチュラリズム』岩波書店，pp. 37-110（佐々木毅・辻康夫・向山恭一訳　1996年）.
武川正吾（1991）「社会政策・社会行政論の基礎概念」大山博・武川正吾（編）『社会政策と社会行政　新たな福祉の理論の展開をめざして』第2章，法律文化社.
武川正吾（1992）『福祉国家と市民社会　イギリスの高齢者福祉』法律文化社.
武川正吾（1999）『福祉社会の社会政策　続・福祉国家と市民社会』法律文化社.

上野千鶴子（1996）「複合差別論」井上ほか（編）『岩波講座・現代社会学 15 差別と共生の社会学』岩波書店，pp. 203-232.
Wenger, E. (1998) *Communities of Practice ; Learning, Meaning, and Identity*, Cambridge University Press.
山岸俊男（1998）『信頼の構造　こころと社会の進化ゲーム』東京大学出版会.
山口節郎（1996）「特権集団と差別構造」栗原彬（編）『差別の社会理論』弘文堂，pp. 30-44.

ネストヴェ市ホームページ
　（http://www.naeskom.dk/，http://www.naestvednet.dk/）.
エイジ・コンサーン・イングランドホームページ（http://www.ace.org.uk/）.

6章
バリアフリー生活環境

野村みどり

高齢者，障害者，子ども，妊婦，乳母車を押す人など，すべての人びとにとって，最適な生活環境（住宅・地域施設・交通施設）整備のために，ここでは，バリアフリー生活環境整備の要件と，住宅の個別的バリアフリー化であるハウスアダプテーション，生涯にわたる，障害をもつ人びとの生活環境サポートシステムについてまとめる．

1　バリアフリー生活環境整備の要件

1.1　バリアとバリアフリーの明確化

障害者を取り巻く社会環境には，物理的な障壁，制度的な障壁，文化・情報面の障壁，意識上の障壁があって[1]，障害者の生活を困難にしている．これらの障壁を明確化し，無くしていくことが，バリアフリー（障壁除去）であり，少子超高齢社会を迎える日本の緊急課題である．

しかし，バリアの捉え方は社会の成熟度と大きく関わる．例えば，欧米先進諸国では，学校施設の物理的バリアフリー問題は既に解決済みで，特別な教育的ニーズをもつ児童生徒のために普通学級における教育内容・方法，教材のバリアフリー化が課題である．しかし，日本では，学校は特定多数が使用すると捉えられ，1994年に成立したハートビル法（高齢者，身体障害者等が円滑に利用できる特定建築物の促進に関する法律）の対象である不特定多数が使用する建物には含まれない等，学校施設については物理的バリアフリー化以前の段階にある．今後，医療・保健・福祉・教育等の分野において障害者サポートシステムを整備するとともに，バリアとバリアフリーを明確化し，バリアフリーの法制化を推進する必要がある．

1.2　ハンディキャップは社会の問題

1980年WHO国際障害分類案1にみるように，障害を3レベル，すな

---

1)　総理府編『障害者白書』（平成7年版），1995, pp. 3-12.

わち，臓器レベルのインペアメント（精神または身体的な損傷），人間レベルのディスアビリティ（能力制限），社会レベルのハンディキャップ（社会的不利）で捉えることによって，各レベルに応じた対策を明確化しやすい．ハンディキャップは，インペアメントやディスアビリティをもつ個人と環境との相互作用によって生じる社会的不利，社会の問題であり，社会のあらゆる分野の人びとがその軽減に貢献することが不可欠である．

　障害者にハンディキャップをもたらさないためにも，バリアフリー対策は必要となるが，日本においては，多くの場合，ハンディキャップは個人的問題と考えられるため，他人に迷惑をかけないように家族レベルで辛抱と我慢で乗り切ることが期待され，社会的支援システム整備にはつながってこなかった．

　イギリス環境省のハウスアダプテーション手引き書をみると[2]，ハウスアダプテーションとは，身体障害者が，身体的不自由のために，住居からこうむるハンディキャップを軽減するための治療的関わりと捉えられている．例えば，高齢未亡人の孤立と不安がハンディキャップと捉えられている事例では，娘一家宅の一角にフラットを増築したり，娘一家宅の隣の住宅への転居がハウスアダプテーションとして実施されている．障害をもつ若い女性の福祉入所施設における自律的でない生活がハンディキャップと捉えられている事例では，自立生活するためにアパートの1階フラットを改造して転居し，防火扉を付加したキッチンで，防火服を着用して調理することなどが紹介されている．また，病院におけるストレスフル・不経済な人工透析治療がハンディキャップと捉えられ，自宅に透析治療室をつくって夜間自宅で透析治療を行い，日中は普通に学校で学んだり，または，職場で働く事例などが紹介されている．これらのケーススタディ手引き書では，スペース別手引き書ではむしろ表現されずに抜け落ちてしまうよう

---

[2] Department of the Environment, House Adaptations for People with Physical Disabilities, *A Guidance Manual for Practitioners HMSO*, 1988. 2001年，建築技術から翻訳書が出版予定．

なきめ細かな工夫や当たり前の生活をするための工事によって,ハンディキャップを軽減していくことの重要性がよく示されている.

スウェーデンでは,病院は子どもにとってハンディキャップをもたらしかねないというような考え方から,そのハンディキャップを軽減するためにあそびの提供が病院に義務づけられている[3].人形や実際の医療器具を使ったあそびによるインフォームドコンセント,検査,治療,手術の前にプリパレーションが実施される.あそぶことによって,病気の子どもたちの免疫力は高まり,癒され,トラウマを防ぎ,治療が促進され,入院期間は短縮化でき,医療費削減効果ももたらすと認識されている.

今後益々,トータルコストの有効活用の視点から,ひとりひとりの高齢者・障害者・子どもについてのハンディキャップを明確化し,従来の部分的,点的に実施されてきた支援を抜本的に見直し,効果的生活環境整備と生活支援体制の整備・確立がもとめられる.

1.3 人間工学に基づくバリアフリーデザイン

人間工学とは,人間の特性(人体寸法,知覚,動作)を科学的に捉え,それに基づいて,各種システムの最適化をはかるための応用科学である.人間は,本来,適応力に富むため,使いにくい道具,良くない環境下においても,全体が最適となるように努力する.しかし,その結果,被害をこうむるのは人間である.科学技術が専門化,高度化,細分化すればするほど,人間の特性をふまえた環境整備が重要になる.

1997年改訂作業が始まったWHO国際障害分類案2によると,障害の3レベルは,インペアメント,アクティヴィティ,パーティシペーションである.この障害の3レベルとバリアフリーデザインの関係を整理してみたい(図1).インペアメントは視覚,聴覚,言語,皮膚感覚,体温調節,

---

[3] スウェーデン,社会サービス法第18条「児童が,病院その他の施設で保護されている場合,その施設の長は,児童が保育所及び学童保育施設で提供されるものに相当する活動に参加する機会を得られるように努めなければならない」.

		インペアメント								バリアフリーデザイン								
		視覚	聴覚	言語	皮膚感覚	体温調節	下肢	上肢	精神	空間確保	段差解消	仕上げ	情報設備	環境設備	経路探索	サイン	手すり	詳細
アクティヴィティ	情報受容制限	◎	◎	○	○	—	—	—	○	■	□	□	■	■	■	■	□	□
										音・光環境，誘導，情報保障設計								
	移動制限	○	—	—	—	—	◎	—	○	■	■	■	■	■	■	□	■	□
										連続的移動・空間使用保障の設計								
	動作巧緻制限	○	○	—	○	—	—	◎	○	■	□	□	□	□	□	□	□	■
										操作しやすいディテール設計								
	温熱環境適応制限	—	—	—	◎	◎	—	—	—	□	□	□	□	■	□	□	□	□
										温熱環境，空調，給湯等設備設計								

凡例　社会参画を促進するバリアフリーデザインの必要性
　　　◎：きわめて大きい　　○：かなり大きい
　　　バリアフリーデザインのポイント　■：きわめて重要　□：かなり重要

図1　障害とバリアフリーデザイン

下肢，上肢，精神の8つに，アクティヴィティのレベルは情報受容制限，移動制限，動作巧緻制限，温熱環境適応制限の4つに分け，そして，パーティシペーション（社会参画）を促すためのバリアフリーデザインは9要素に整理した．人間工学に基づくきめ細かな密度の高い環境設計が必要といえる．

　次に，視覚と聴覚のインペアメントによる情報受容制限，移動制限，動作巧緻制限を軽減するための情報保障対策について整理してみる．視覚障害者は全盲者と弱視者に，聴覚障害者は聾者と難聴者に分けて，必要な情報保障対策を講じることが有効である（図2）．基本的には，だれもがわかりやすい，きめ細かな環境整備を推進し，あわせて個別のニーズに応じた福祉用具の活用が重要となる．しかし，情報保障対策に関する総合的研究の歴史は浅く，実態としては未熟な内容が目立つ．例えば，日本において普及してきた点字床材は，車いす使用者や高齢者など下肢にインペアメントをもつ人びとのバリアになること，材料としての耐久性に欠けること，また，音響信号や誘導鈴は周辺住民に騒音公害をもたらすなどの問題は指摘されて久しい．このような問題だらけの対症療法的対策を法制化・条例

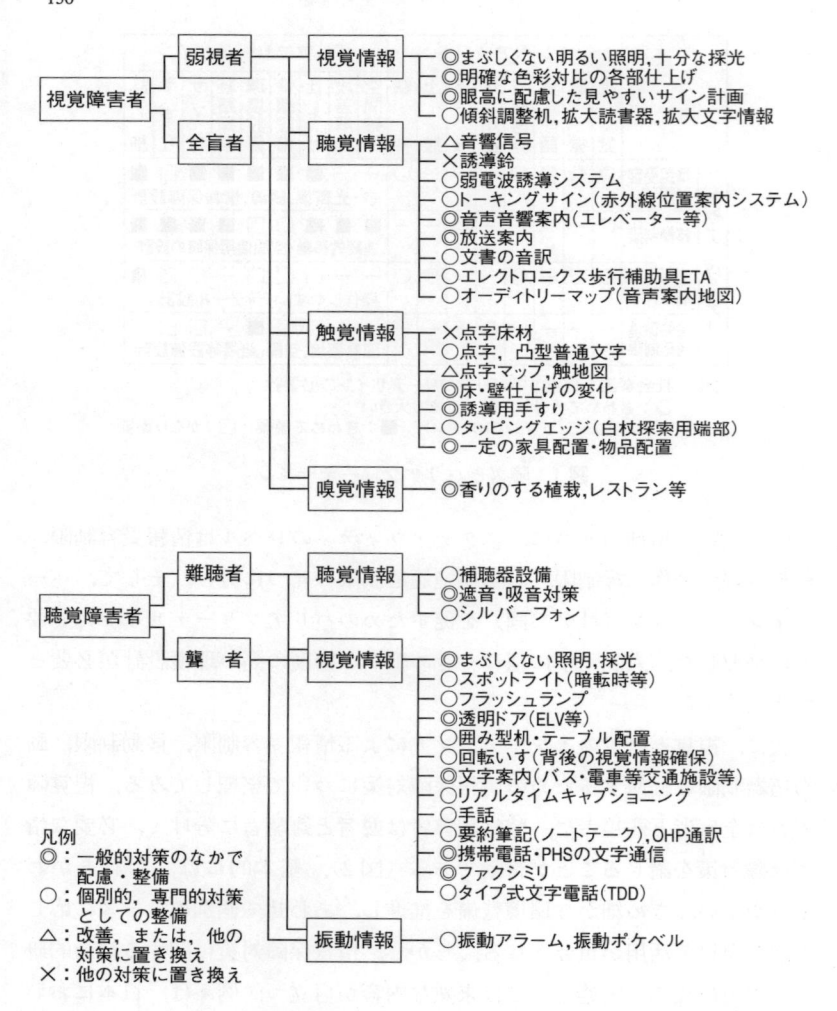

```
視覚障害者 ─┬─ 弱視者 ── 視覚情報 ─┬─ ◎まぶしくない明るい照明, 十分な採光
           │                      ├─ ◎明確な色彩対比の各部仕上げ
           │                      ├─ ◎眼高に配慮した見やすいサイン計画
           │                      └─ ○傾斜調整机, 拡大読書器, 拡大文字情報
           │
           └─ 全盲者 ─┬─ 聴覚情報 ─┬─ △音響信号
                     │           ├─ ×誘導鈴
                     │           ├─ ○弱電波誘導システム
                     │           ├─ ○トーキングサイン(赤外線位置案内システム)
                     │           ├─ ◎音声音響案内(エレベーター等)
                     │           ├─ ◎放送案内
                     │           ├─ ○文書の音訳
                     │           ├─ ○エレクトロニクス歩行補助具ETA
                     │           └─ ○オーディトリーマップ(音声案内地図)
                     │
                     ├─ 触覚情報 ─┬─ ×点字床材
                     │           ├─ ○点字, 凸型普通文字
                     │           ├─ △点字マップ, 触地図
                     │           ├─ ○床・壁仕上げの変化
                     │           ├─ ◎誘導用手すり
                     │           ├─ ○タッピングエッジ(白杖探索用端部)
                     │           └─ ◎一定の家具配置・物品配置
                     │
                     └─ 嗅覚情報 ── ◎香りのする植栽, レストラン等
```

```
聴覚障害者 ─┬─ 難聴者 ── 聴覚情報 ─┬─ ○補聴器設備
           │                      ├─ ◎遮音・吸音対策
           │                      └─ ○シルバーフォン
           │
           └─ 聾者 ─┬─ 視覚情報 ─┬─ ◎まぶしくない照明, 採光
                   │            ├─ ○スポットライト(暗転時等)
                   │            ├─ ○フラッシュランプ
                   │            ├─ ◎透明ドア(ELV等)
                   │            ├─ ○囲み型机・テーブル配置
                   │            ├─ ○回転いす(背後の視覚情報確保)
                   │            ├─ ◎文字案内(バス・電車等交通施設等)
                   │            ├─ ○リアルタイムキャプショニング
                   │            ├─ ○手話
                   │            ├─ ◎要約筆記(ノートテーク),OHP通訳
                   │            ├─ ○携帯電話・PHSの文字通信
                   │            ├─ ◎ファクシミリ
                   │            └─ ○タイプ式文字電話(TDD)
                   │
                   └─ 振動情報 ── ○振動アラーム, 振動ポケベル
```

凡例
◎:一般的対策のなかで配慮・整備
○:個別的, 専門的対策としての整備
△:改善, または, 他の対策に置き換え
×:他の対策に置き換え

図2 視覚・聴覚障害者のための情報保障対策例とその評価

化する動きには疑問がある.

　視覚障害者のアクティヴィティとパーティシペーションを向上させるための歩行環境のバリアフリー対策を整理してみると，①歩行訓練リハビリテーション（とくに，在宅ケアの一貫としての家庭訪問型が効果的）の実施，②ガイドヘルパーの養成とガイドヘルプサービスの充実（例えば，一般道路を単独歩行できる視覚障害者でも，ターミナル駅における多くの複雑な視覚情報の理解，危険性の回避のためには人的誘導は不可欠であろう），③晴眼者への啓発（視覚障害者に対する誘導・援助方法，視覚障害者の安全確保に不可欠な公共空間利用マナーの徹底等），④わかりやすく安全な歩行環境の整備，⑤オーディトリーマップ，ナヴィゲーションシステムなどへのマルチメディア技術やロボット技術の応用などである.

2　ハウスアダプテーションのシステム化

2.1　ハウスアダプテーションとは

　従来の日本の住宅改造は，持ち家対象の建築領域に限定された物理的対応に偏りがちであり，それが真に効果を発揮せしめるための住宅政策のなかでの明確な位置づけ，建築・医療・福祉・教育・消防等，多分野との連携のあり方等，システム化に向けての根本的な問題・課題は未着手のまま山積している.

　ハウスアダプテーションとは，身体障害者が，身体的不自由のために，その住居からこうむるハンディキャップを軽減するための治療的関わりである．今後，日本においても，在宅ケアの一貫として，ハウスアダプテーションを公的に保障するシステムの確立がもとめられる．ハウスアダプテーションとは，建築・医療・保健・福祉・教育・消防等が連携して取り組む，ユーザー主体の住宅の改造，増改築，新築，転居等の手法全般であるが，単なる最低限の物理的対応にとどまるものではなく，医療・保健・福祉・教育等サービスの実効を上げるための一層の安全性，快適性に留意し

た受け皿づくりと捉えることが重要である．その結果，家庭内事故の防止と安全性・防災性の確保，自立生活の継続・促進，生活意欲の向上，リハビリテーションの効果的遂行，介助労力の軽減，在宅ケアサービスの適正化，または社会的入院・社会的入所の阻止等につなげられる．

2.2 イギリスのハウスアダプテーションと住宅改善

イギリスでは，住宅は社会資本と位置づけられ，ハウスアダプテーションは自治体の義務であり，より一層の快適性，利便性，安全性をもとめる支援が保障されている．具体的な援助の権限は，自治体の社会サービス局と住宅局にあり，前者は，ハウスアダプテーションの評価を担当するとともに，資金・金融援助までも行わなければならない．住宅局の役割は，住居法の下，補助金の給付と自ら所有管理する公営住宅の構造に関わる工事であり，例えば，日本では認可されていないヴァーチカルリフト[4]がリサイクルされ有効活用されている等，経済的で合理的な福祉用具活用がきめ細かな支援のなかで実現されている．社会サービス局は，手すり設置など簡単な工事や福祉用具活用，援助者の派遣などを担当し，必要に応じて，保健局と連携して支援を進める．

イギリスでは，住居法の下，住宅の性能基準，ハウスアダプテーションの性能基準が定められている（表1，2）．具体的には，1989年住居法に位置づけられた住宅修繕補助金の制度であり，これは4つの補助金と小規模工事援助からなり，それぞれ，持ち家所有者，借地人，借家人，または，大家が対象となる（表3）．例えば，持ち家所有者であれば，修繕補助金

---

[4] ヴァーチカルリフト：2階建て住宅において，1階天井・2階床に穴を空けて，かご（車いすで乗り込むタイプと，いすがセットされているタイプがある．前者は大型だが，リサイクルしやすいため，最近ではこのタイプが活用されている）がそこを上下する簡易昇降機．例えば，1階にリフトがある時には，2階の床にはふたがされて床面全体が有効活用できる省スペース型．階段昇降機より高価だが，リサイクルしやすい．最近のタイプは，振動の少ないものに改善されてきたが，大型化にともなって，1室がリフトに占拠されるという問題もみられる．

表1 住宅修繕補助金の適合基準

次の要求項目をすべて満たし，かつ，居住者に不適切なことがないならば，その土地家屋（集合住宅を含む）は人間の住居にふさわしいと地方議会は判断する．
a．構造的に安定している．
b．深刻な破損がない．
c．居住者の健康を損なう湿気がない．
d．照明，暖房，換気の適切な設備がある．
e．衛生的な上水が供給されている．
f．住宅内に給水・給湯設備付き流しを含む十分な調理設備がある．
g．適切に配置された居住者専用の便所がある．
h．適切に配置された居住者専用の浴槽またはシャワー設備，及び手洗い流しがあり，各々には，給水・給湯が十分供給されている．さらに，
i．不潔な汚水を排水するための効果的システムがある．
家屋がフラットで，上記の要求事項すべてを満たしていても，フラット外の建物またはその一部が上記のa, b, c, d及びiと同様の要求に見合わないならば，それは人間の住居にふさわしくないと地方議会は判断する．

表2 障害者施設補助金の必須の改造内容

- 自宅の内外の出入りをより容易にできること
- 居間，寝室，キッチン，バスルームに，より容易にアクセスできること
- 自立して使える適切なバスルームとキッチンの設備を用意すること
- より容易に使えるように，暖房または照明の操作方法を改造すること
- 自宅の暖房システムを改良すること
- ケアの必要な同居人を障害者がケアできるように住宅を整備すること

を得て，表1に示す住宅の一般的性能を確保でき，身体障害者であれば，障害者施設補助金によって，表2に示す住宅の性能を得るためのハウスアダプテーションが実施される．前者には，環境衛生監視員，後者には，環境衛生監視員と作業療法士の両者が査定を行って，基準以外にも必要な工事があれば実施される．これらの補助金には，所得制限は設けられているが，当初，補助金額に上限は設けられていなかった．その後，約400万円に上限が設定された．小規模工事援助は，1,000ポンド（約20万円）以内の工事に対して，専門職の査定なしで柔軟に活用できる．

Housing Grants, Construction and Regeneration Act 1996によって，修繕補助金は任意の制度となり，その運用は地方自治体の裁量に任される

表3 補助金の申請者に関するガイド

	修繕補助金	共用部分補助金	集合住宅補助金	障害者施設補助金	小規模工事援助
持家所有者	YES	NO	NO	YES	YES
借地人	YES	MAYBE	NO	YES	YES
借家人	MAYBE	MAYBE	NO	YES	MAYBE
大家	YES	YES	YES	YES	NO

表4 障害者施設補助金DFGの必須の改造工事（1996-）

- 住宅の内外の出入りをより容易にできること．例えば，ドアの拡幅，スロープの設置．
- 障害者とその他の居住者の安全性を確保すること．たとえば，付き添いのない障害者が1人で安全に過ごせように特別に改造された居室，または，より見やすく改良された照明を提供すること．
- 居間により容易にアクセスできること．
- 寝室，台所，便所，洗面器や浴槽またはシャワー設備へのアクセスを提供したり，または，改善すること．例えば，階段昇降機の設置または1階にバスルームを用意すること．
- 障害者のニーズにあう自宅の暖房システムを改善したり，または，用意すること．
- 障害者がより容易に使えるように，暖房または照明操作を改造すること．
- 障害者が介護する配偶者，子ども，または，その他の人など，同じ住宅に居住する人の介護を障害者ができるように，住宅まわりのアクセスや移動を改善すること．

ことになった．これに対して，障害者施設補助金は必須のままで，作業療法士の査定によって，その活用が推進されている（表4）．前者は住宅のため，後者は人のための補助制度と位置づけられている．小規模工事援助はホームリペアアシスタンスに改訂され，主に，高齢者・障害者のために使われている．

日本における住宅をみると，社会資本という位置づけは希薄であり[5]，むしろ，個人の資産として，個人の甲斐性で獲得・維持・管理しなければならず，このため，個人資産の価値を増すようなハウスアダプテーション

---

5) 「社会資本の内容として，産業関連施設および交通通信施設の生産基盤関連社会資本，住宅，環境衛生施設，教育・文化施設，厚生福祉施設の生活基盤関連社会資本，および国土保全施設関連社会資本の3種のものが挙げられる．（中略．日本では，）経済資源の多くは産業基盤の復興と充実に回され，生活基盤関連社会資本の整備に対して政治的優先性はとられなかった．」住田昌二，巽和夫他共著『新建築学体系14 ハウジング』，彰国社，1985，pp. 210-211．

を税金を投入して行うことは困難と考えられ，ハウスアダプテーションに関する国の制度は未確立である．これに対して，今後，ハウスアダプテーションを福祉サービスとして，位置づけていくことが課題となろう．その場合，例えば，持ち家に居住する要介護高齢者を対象に，補助金に上限なく住宅改造を実施しているのは，江戸川区のみであるが，都内他区に比較すると，平均の補助金額は，上限なしの江戸川区の方がむしろ低いと聞いている[6]．補助金の上限は，しばしば目標値となり，そこまで必要なくても上限までの工事がめざされ，または，更なる工事をすれば自立生活が可能であっても，あきらめて補助金にあわせた工事を実施しやすい．これを避け，効果的な生活基盤整備を図るためには，補助金に上限設定をやめて，専門職が査定する制度が必要になろう．また，あわせて転居を支援する対策の整備も必要になる．

2.3 地域に密着した住宅改善機関の支援

イギリスでは，1970年代後半，在宅ケアが推進されるなか，住宅の補助制度活用が困難な持ち家に居住する高齢者・障害者の存在が問題視されるようになり，非営利団体である住宅協会が在宅ケアの一貫として，住宅改善について電話による申し込み，自宅訪問調査，補助金活用支援，工事の計画・施工の一括支援を出前型で開始するようになった．なぜ，持ち家に居住する高齢者・障害者が対象かというと，公営住宅は自治体が，民間賃貸住宅は大家が，それぞれ問題を発見しやすく，また制度を活用して支援できるからである．これは，ハウスアダプテーションのしくみが未整備な日本において，持ち家ならば，各種制限の範囲内で改造が実施しやすい

---

[6] 高齢者のすまいづくりシステム研究委員会編『日本のハウスアダプテーション　建築・医療・保健・福祉の連携による住宅改造のシステム化をめざして』，財団法人住宅総合研究財団，丸善，1993，pp. 43-48．
高齢者のすまいづくりシステム研究委員会編『ハウスアダプテーション　高齢者・障害者向け住宅改造・在宅ケアのシステム化』，財団法人住宅総合研究財団，丸善，1995，pp. 50-55．

状況とは根本的に異なる.

　ステイングプットスキームやケアアンドリペア等と呼ばれるイギリスの住宅改善機関の最小構成スタッフは, ケースワーカー, 技術職, 事務職である. 地域に分散する 200 以上の住宅改善機関の国の調整機関としてケア＆リペア社がノッティンガムに 1991 年に設立され, 情報提供, 支援, 訓練, 監督, 開発等を行っている. 1999 年 9 月に実施した筆者らのケア＆リペア社におけるヒアリングでは, 政府の補助を受けている住宅改善機関は 188, うち, 66% は住宅協会, 20% は地方自治体, 14% はボランタリー組織に属し, ともに非営利の運営にあたっている.

　住宅改善機関の支援の手数料は工事費の 1 割程度であり, これも補助金に含んで申請できる. 住宅改善機関が実施する工事の大部分は修繕が主であったが, 前述した 1996 年の法改正にともない, 1998 年から, ハウスアダプテーションの工事件数の方が多くなっている[7].

　筆者が, ある住宅改善機関で技術職の方に伺ったなかで印象に残った話をしてみたい. 工事のため, 居間の家具をすべて動かして工事にとりかかろうとした時, 施主の高齢者が, 突然, 居間で前の年と同様にクリスマスパーティをしたいと言い出したそうである. その技術職は,「わかりました」と答え, 再び, 家具を元通りにセットし, パーティを開いてもらったという. 要するに, 単に工事をするのではなく, 意欲的に住み続けてもらうための支援という位置づけが重要になる. 高齢者・障害者は時に, 理不尽なことを言っても, 住宅改善機関のスタッフは, あくまでもかれらの側に立って支援するのである. このような地域に根ざした住宅改善機関による支援サービスは今後日本でも必要性は高い.

---

7) 1999 年 9 月に筆者らが実施したノッティンガム市の住宅改善機関における調査では, 1998 年の補助金活用工事実績の件数は, 修繕補助金 18 件, 障害者施設補助金 76 件, ホームリペアアシスタンス 27 件, その他, 自己負担 11 件である.

2.4 ハウスアダプテーション実施上の留意点

イギリス環境省は,ハウスアダプテーションの制度が整備されていくなかで,実務者向け手引き書を必要と考えた．日本の住宅改造は物理的対応であるので,その手引き書であれば,スペース別の改造となるが,イギリスのハウスアダプテーションは,物理的対応とは考えられていないため,ケーススタディを詳細に紹介する内容で,1988年刊行された(脚注2参照)．前述したように,この手引書に述べられたハンディキャップの捉え方は広範であり,ハンディキャップを既存住宅の改造で軽減できない場合は,転居が奨励され支援される．ハウスアダプテーションのニーズ評価のためには,専門職には公平性がもとめられ,マネージメントのためには,関係者全員参加によるプロジェクトチーム編成が必要になる．ただし,ハウスアダプテーションには,一定の方法はなく,家族関係の破綻,予期せぬ障害の予後など不確定要素が大きく絡むため,どんなに勤勉な専門職が努力してもハウスアダプテーションが成功するとは限らないことも明記されている．

2.5 日本のハウスアダプテーションにおける問題・課題・対策

ハウスアダプテーションの「ニーズ発見」から「フォローアップ」に至るまでのプロセスに沿って,医療・保健・福祉・教育・建築・消防等の専門機関・専門職の問題・課題・対策はつぎのように抽出できる(図3)[8]．①「潜在ニーズ発見」—ユーザーと専門職の両者への啓発・情報提供,養成教育・現職研修,申請主義から押し掛け訪問へ等,②「相談・評価」——本化窓口,情報の共有化・一元化,自宅訪問相談,目標設定技術,チームカンファレンス,コーディネーター育成,間取り収録等の共通言語獲得,転居優遇システム,福祉用具の試用・複数貸与・リサイクル・建築との整合性の確保等,③「計画・設計」—設計者の役割明確化と設計料確保,補

---

[8] 野村みどり編『バリアフリーの生活環境論第2版』,医歯薬出版,1997,pp.67-72.

プロセス	問題	課題・対策
ニーズ発見	○潜在ニーズの発見困難	押し掛け訪問，外来，往診
	◎専門職の基本的認識不足	養成教育，現職研修
	●ユーザー・家族の理解不足	啓発・情報提供
相談・評価	●ユーザー・家族は相談に行けず	電話一本の出前相談が必要
	◎自宅訪問なしでは評価困難	関係専門職チーム自宅訪問相談
	○少ない訪問では情報不足	生活全体把握調整できる人材要
	◎マンパワー不足	ニーズ対応チームを編成し担当
	◎チーム構成職種の偏り	コーディネーター育成でカバー
	◎医療・保健・福祉の連携難	地域専門職・病院の連絡体制
	◎早期退院の受け皿整備難	病院業務に早期退院援助含める
	◎補助制度に制限が多く活用難	専門職査定で制限の緩和・撤廃
	◎関連制度がわかりにくい	関連情報の共有化，連携組織化
	●窓口でたらいまわしされる	一本化窓口設置，一括代行援助
	◎職種により意見の偏り	チーム訪問評価で実地研修
	◎訪問調査結果の記録評価難	間取りの収録手法の獲得
	◎専門用語の相互理解困難	チーム会議で共通言語の構築
計画・設計	○目標保障する制度未確立	性能基準と補助制度の明確化
	◎目標設定の技術未確立	チームカンファレンスで構築
	●計画案受け入れ困難	意欲引き出し段階的目標設定
	●ユーザー・家族の理解不足	情報提供，体験見学，懇切説明
	●住宅の狭さ，老朽化，改造不可	近隣への転居援助システム
	●賃貸住宅，集合住宅の改造困難	大家対象の補助制度，優先転居
	○施工者のみでは計画設計困難	設計者の関わるシステム整備要
	●改造工事費の資金不足	補助金整備充実，呼び水的効果大
	●設計料の支払いは困難	設計者チーム専化等，設計料補助
	○バリアフリー部品の不足	開発認可，情報ネットワーク
	◎補助器具選定技術未確立	試用，機器の個別設計・改造
	○機器必要時に即提供不可	業者と連携，先取り入手・使用
	●公的助成機器品目は少ない	機器を限定しない機器交付事業
	●病状変化に機器変更不可	補助器具貸出，リサイクル
実施・施工	○改造内容の理解不足	業者の教育・研修と登録制度
	●工事中の居場所確保難	工事の工夫，居場所の保障
	●小規模改造業者不足	大工ボランティアの導入
	●見積金額が業者によって違う	合見積実施，参考標準金額算定
	◎関連修繕手直しで業者負担大	作業区分，請求方法を定め補助
	○効果測定手法が未確立	チーム評価，苦情処理，再評価
フォローアップ	●獲得できたADL持続困難	在宅ケアでモニタリング，再評価
	○社会的入院・入所	苦情処理，監査，再評価
	●病状悪化，改造個所使用困難	ニーズ発見・再評価

凡例 ●：ユーザーにより重大問題 ◎：専門職により重大問題 ○：両者に重大問題

図3 ハウスアダプテーションのプロセスにおける問題・課題・対策

助制度・性能基準と査定専門職,良質な福祉用具・昇降設備・バリアフリー部品の開発・認可・オープン化・評価情報システム化等,④「実施・施工」—施工業者・大工ボランティア育成と登録制度,効果測定手法,苦情処理対策等,⑤「フォローアップ」—在宅ケアによるモニタリング,地域カンファレンスによる継続援助等である.

これらのプロセス全体を通して,解決すべき問題が山積している.高齢者・障害者にサービスを提供する機関や専門職はすべて,その住宅の問題に目を向けて,ハンディキャップを軽減し,生活支援していくための制度の有効活用,柔軟な運用,新たな制度の整備等に取り組むことが不可欠になる.

3 生涯にわたる,障害をもつ人びとの生活環境サポートシステム

3.1 生活環境サポートシステム

バリア,バリアフリー,ハンディキャップは,個々の障害者をとりまく生活環境全体のなかで明確化することが不可欠である.例えば,病院やリハビリテーションセンター等でどんなに素晴らしい最先端のリハビリテーションが行われていたとしても,退院後の自宅で寝たきり・閉じこもりの生活を余儀なくされているのでは,そのリハビリテーション自体が無意味となりかねない.または,養護学校でどんなに専門的な施設設備を整備し,専門的な教育が提供されていたとしても,大部分の時間を過ごす自宅で寝たきり,おむつの生活では教育効果は上げにくい.しかし,日本では,このような場面は多くみられる.個々の専門機関や専門職はたいへん努力しているが,生活基盤である住宅に支援の手が十分差し伸べられていないため,リハビリテーションや障害児教育もトータルな効果を発揮するに至っていない.

とくに,障害児の場合には,家族支援が欠かせない.アメリカ合衆国では,障害をもつ子どもに対して,0歳からおおむね3歳までは,IFSP個

別家族支援計画，3歳から21歳まではIEP個別教育計画，学年進行や卒業を控えて，おおむね14歳以降はITP個別移行計画の作成が，ともに法律で義務づけられている[9]．

日本においても，個々の障害児をとりまく生活環境全体を捉えたサポートシステム整備に関連分野が協力して取り組み，サポート提供の責任の所在を明確化し，真に効果的な教育を提供することがもとめられる．この場合，ハウスアダプテーションを公的支援システムの中核に据え，生涯にわたる，障害者の生活環境サポートシステムを地域において整備・構築することがもとめられている．

3.2 個別ケア体制によるハード・ソフトの環境整備促進

福祉用具を活用するためには，個別ケアが基本になる．しかし，日本においては，福祉施設においても，養護学校においても一斉的ケアが行われており，豊かな施設計画を実現したり，効果的福祉用具の活用等に至っていない．例えば，養護学校では，リフターを導入しようとしても，時間割に従って，休み時間に一斉に抱っこ等で便所を利用するため，便所は混雑し，教室内排泄も生じる．さらに，一斉プログラムでは，教室や便所に1台のリフターが整備されていても役にも立たない．日本の養護学校のように，一斉に活動が展開されていると，便所使用のピークに合わせた，巨大な便所を確保しなければならず，これは設計上不可能である．また，和風の床面活動から，洋風の椅座位活動への転換など根本的な見直しも必要になる．介助が必要な人びとをどのように介助し，環境を整備していくのか．個別のプログラムで介助しなければ，福祉用具もスペースの有効活用も図れないのである．

養護学校における教師，または，家庭における母親の抱っこ移動による

---

9) 1975年全障害児教育法によってIEP作成が学校に義務づけられた．
   1997年障害者教育法IDEAによって，IFSP，IEP，ITPが学校・学区に義務づけられた．

介助負担の軽減，安全性の確保のためには，リフター導入の必要性は高い．筆者らが，天井面走行リフターをある養護学校の室内温水プールに設置し評価実験を実施したところ，教師の介助負担の軽減，安全性確保のみならず，分業体制が進み，指導形態も改善できた[10]．当然のことながら，福祉用具の活用には，その使用者による使用上の工夫や改善の積み重ねが不可欠といえる．

スウェーデンの重度重複障害児の教室をみると，便所や教室内には，天井面走行リフターが1台ずつ設備され，パーソナルアシスタントが個別にリフターを操作し，抱っこ移動はみられない．パーソナルアシスタントは，通学の時も自宅においても，担当の子どものケアにあたる．医療的ケアが必要な子どもが就学する場合には，病院からパーソナルアシスタントが派遣されて医療的ケアにも当たる．日本の養護学校では，養護学校にいる間は，1対1に近い状況で，教師がつくが，同じ子どもが普通学級を選択すると，特別な教師によるサポートは得られない．本来，サポートは施設や機関にではなく，人に対するものであるはずだが，そこが未確立なため，部分的，点的サポートしか提供されていない．例えば，医療的ケアが必要な多くの子どもたちは，学校に通学できず，在宅の訪問指導を週2日程度受けるだけという状況もみられる．

障害をもつ子どもの個々の発達を促し，プライバシーを確保し，家庭における家族支援までも視野に入れてハウスアダプテーションを効果的に支援していくためには，個別ケア体制への改革，ハードとソフトを総合して最適なケアを提供できる養成教育や現職教育および，福祉用具活用のためのサポートシステム等が必要といえる．

---

10) 野村みどり，上野義雪他共著「障害をもつ児童生徒の個別教育計画とハウスアダプテーションに関する研究―建築・教育・医療によるサポートシステム―」,『住宅総合研究財団研究年報25』, 1998, pp.165-176.

3.3 小規模化,複合化,地域分散型施設の整備

　学校と高齢者福祉施設の複合化の事例は,一部にみられるようになってきた.子どもの数が減り,学校には空き教室や余裕教室がみられる一方,高齢者の数は増え,地域に高齢者福祉施設を整備することは自治体にとって重要課題となっていることが背景にあるが,ともにゆったりした生活のリズムのなかでケアされることが大事な子どもと高齢者の交流は多くの効果,相互にプラスになるという先進事例からの報告は見逃せない.1997年度の中教審答申にも,小中学校と高齢者福祉施設の複合化推進という答申も出されている.

　1979年養護学校義務制によって,養護学校小学部に入学した重度重複障害児たちは,90年代,続々と高等部を卒業してきている.養護学校は整備されたが,卒業後に利用できる地域作業所などは決定的に不足している.同様のニーズをもつ地域の子ども,障害者,高齢者などの交流拠点を学校と複合化し,コミュニティスクールとして,生涯学習の真の拠点として,地域に整備していくことは遅ればせながら,早急に着手すべきことと思われる.この場合,少子超高齢社会におけるコミュニティケア(在宅ケアおよび施設ケア)を地域(小中学校区)で責任をもって受け持つ視点が不可欠となる.

3.4 子どものためのあそび環境——病院を中心に——

(1)子どもの病院環境に関わる欧米の動向

　日本の病院では,小児科は不採算部門であり,少子化傾向のなか,病院においては,子どものあそびや学習環境を整備するより,小児病棟の閉鎖など縮小傾向がみられる.しかし,欧米の子どもの病院では,1950年代以降,プレイセラピーやチャイルドライフなどのあそび支援プログラムが採り入れられるようになり,1970年代以降,あそびが治療効果ををもたらすものとして重視されるようになった.1988年,EACH(病院の子どもヨーロッパ協会)は,国連子どもの権利条約のなかから,病院の子ども

6章 バリアフリー生活環境   143

表5 「病院のこども憲章」〔EACH（European Association for Children in Hospital）Charter〕訳：野村みどり

1. 必要なケアが通院やデイケアでは提供できない場合に限って、子どもたちは入院すべきである。
2. 病院における子どもたちは、いつでも親または親替わりの人が付きそう権利を有する。
3. すべての親に宿泊施設は提供されるべきであり、付き添えるように援助されたり奨励されるべきである。親には、負担増または収入減がおこらないようにすべきである。子どものケアを一緒に行うために、親は病棟の日課を知らされて、積極的に参加するように奨励されるべきである。
4. 子どもたちや親たちは、年齢や理解度に応じた方法で、説明をうける権利を有する。身体的、情緒的ストレスを軽減するような方策が講じられるべきである。
5. 子どもたちや親たちは、自らのヘルスケアに関わるすべての決定において説明を受けて参加する権利を有する。すべての子どもは、不必要な医療的処置や検査から守られるべきである。
6. 子どもたちは、同様の発達的ニーズをもつ子どもたちとともにケアされるべきであり、成人病棟には入院させられない。病院における子どもたちのための見舞い客の年齢制限はなくすべきである。
7. 子どもたちは、年齢や症状にあったあそび、レクリエーション、および教育に完全参加するとともに、ニーズにあうように設計され、しつらえられ、スタッフが配属され、設備が施された環境におかれるべきである。
8. 子どもたちは、子どもたちや家族の身体的、情緒的、発達的なニーズに応えられる訓練を受け、技術を身につけたスタッフによってケアされるべきである。
9. 子どもたちのケアチームによるケアの継続性が保障されるべきである。
10. 子どもたちは、気配りと共感をもって治療され、プライバシーはいつでもまもられるべきである。

に関わる内容を10ヵ条の「病院のこども憲章（EACH憲章）」（表5）としてまとめ、14ヵ国の加盟団体が各国における法制化をめざした活動を展開している。このようなグローバルスタンダードを目標基準に据え、多分野が連携していくことはたいへん有効である。EACHは、親子は1単位であるのでそれを引き離してケアすべきでないとし、また、医師や看護婦に対して、子どもを診療の対象としてでなく、対等のパートナーとみなすことを主張している。このためには、医師や看護婦の養成教育の見直しも必要と考えられている。1999年、筆者も参加した第6回EACH会議（ミラノ）では、「すべての政府またはプロバイダー組織は、親が無料で病院の子どもにいつでも付き添えるようにすべきである」と決議した。

(2)病院における子どものあそびの意義と役割

そもそも病院は子どもにとって，馴染みのない恐怖にみちた環境で，苦痛や不快なことの多いところである．幼い子どもは，自分の病気やその治療に対して戦うための目標を設定できない．時間の概念も未発達で，「明日」のようなことばも無意味である．これらの問題を軽減するために，病院におけるあそびはとくに重要である．あそびを通して，子どもは多くのことを理解し，時には，ストレスのはけ口にもなる．大事なことは，子どもが自発的自主的にあそぶことであり，押しつけや受け身のあそびは，一時的な逃避になるだけで，子どもを癒し発達を促すものにはならない．病院で子どもたちがあそぶためには，あそびの目的を十分に理解した専門家の支援が必要である．あそびの役割は以下のようである．①あそびは，病院を家庭の雰囲気に近づけ，病院と家庭をつなぐ役割をもつ．②あそびは，病院職員と子どものコミュニケーションの重要な方法のひとつであり，相互の信頼関係を築くための有効な手段となる．③あそびは，子どもが治療や手術に向けて，心の準備をすることを助け，勇気づける．④あそびは，子どもの怒りや不安などの感情のはけ口になる．人形であそび始めると，子どもは，激しい感情を抑え，和らげていく．水や砂あそびは激しい感情のはけ口になり，張りつめた不安な感情を穏やかにする．⑤あそびは，子どもに真実を教え，間違いを正すための優れた方法のひとつであり，子どもが自分の病気を理解するための助けになる[11]．

(3)病院におけるあそび環境の計画[12]

病院におけるあそび環境はどのように整備すべきなのであろうか．ここでもやはり，豊かな雰囲気と，個別ケアに対応できる充実したスペースの

---

11) イギリス Action for Sick Children, KEY POINT.
12) 野村みどり編，イヴォンニー・リーンドクヴィスト (Ivonny Lindquist)，フォンオイラー・三根子 (Mineko von Euler)，野村みどり「プレイセラピー こどもの病院＆教育環境」，『建築技術』，1998年11月，pp. 166-187.

確保としつらえが重要である．これは，高齢者や障害者の施設においても共通する．

　入院する子どもたちが，四季を感じることもない単調な入院生活のなかで，単に子どもにおもちゃやおとぎ話だけを提供しても意味はない．子どもの話に耳を傾け，話し相手になること，そしてその時の態度や服装や香りなど，トータルな雰囲気づくりこそが大事になる．

　親子がいつでも一緒に過ごせるプレイセラピースペースの確保が重要である．入院している子どもが来やすいように，エレベーターや主廊下近く，ベッドのまま移動して来られる位置，また，戸外にすぐ出られる1階にあって，ベッドや車いすで屋外の活動に取り組める場所が良い．

　スウェーデンでは，どこの病院でも，インフォームドコンセントのためのプリパレーションプレイを行っている．これは，2つの法律に支えられており，ひとつは，社会福祉法によって，子どもにはあそぶ権利があると明記されていること（脚注3参照），ひとつは，医療法によって，患者は自分のわかる言葉で医療の内容を知る権利があるということである．小さな子どもには，具体的に人形を使ったプリパレーション，年長の子どもには，写真や絵のファイルを使ったプリパレーションが行われる．

　病棟のプレイルームは，計画性のない空間になりがちであり，機能をもたせた空間，システマティックに遊具を揃え，プレイセラピストが教育的見地から運営できるプレイセラピースペースの確保が有効である．プレイセラピーのキッチンでは，子どもたちがケーキを焼いて，医師や看護婦を招待する．いつも世話になるばかりの子どもたちも，自分たちの安全地帯があることで主体的に振る舞える．病棟外の共通の憩いの場としてつくると，いろいろな科の子どもも来れて，同年代の子ども同士のつながりが生まれる．子どもが，どれ位，誰と，何であそびたいのか．自分で選べることが大事で押しつけはいけない．いろいろな年代の子どもにあう遊具を並べ，自分で好きなものを選べるようにする．プレイセラピストは冷静に観察し，医師や看護婦と連携をとって問題解決にあたる．また，ティーンエ

ージャーには，相応しい活動，例えば，ビリヤード，アイスホッケーゲーム，卓球，音楽鑑賞，楽器演奏等を楽しめる専用のスペースが必要である．

(4)生活環境におけるあそび環境の整備

　スウェーデンでは，病院のみならず，ホテルやショッピングセンターや列車などに設けられたプレイルームで子どもたちがあそんでいる光景を目にする．また，ドアツードアで乳母車移動できるまちづくりが行われているため，きょうだいで乗る大型乳母車に，日本では歩かされているはずの年齢の子どもたちも乗って，外出を楽しんでいる．子どもには，辛抱と我慢を強いるのではなく，いつでも，どこでも，楽しく充実して過ごせるようにという社会的コンセンサスが形成されていることがわかる．このようなあそび環境整備，乳母車で移動しやすいまちづくり等，子どものための生活環境整備は，子どもの望ましい発達を促し，もっとも弱い立場にある子どもの人権を守ることにもつながり，また，子育て支援の一貫としてもきわめて重要で効果的と思われる．

(5)グローバルスタンダードと日本の課題

　1999年，日本の小児科医長を対象とする全国アンケート調査において，「病院のこども憲章」（表5）の10ヵ条を，ほぼ過半数の小児科医長が適切と評価する結果を得た[13]．日本の子どもの病院においても「病院のこども憲章」を目標に据え，社会全体でその実現に向けて支援していくことが課題である．具体的には，次のような対策がもとめられている[14]．

　「病院のこども憲章」をみると，1条では，子どもはできるだけ入院さ

---

13) 平成11年度厚生科学研究（子ども家庭総合研究事業）報告書「病院における子ども支援プログラムに関する研究」（研究代表者：山城雄一郎，分担研究者：野村みどり，中川薫）2000. 3. p. 455.
14) 平成12年度厚生科学研究（子ども家庭総合研究事業）報告書「病院における子ども支援プログラムに関する研究2　家族中心ケアと病院理解のあり方」（研究代表者：山城雄一郎，分担研究者：帆足英一，野村みどり）2001. 3.

せるべきないとある．デイケアや在宅ケアの基盤整備とともに，子どもの社会的入院を防止するための住環境整備も必要になる．

やむを得ず，子どもを入院させる場合，2条，親は付き添う権利を有し，3条，親には宿泊施設が提供され無料で付き添え，子どものケアへの参加が奨励される．これは，家族中心ケアであり，このためには，親が疲れ切ってしまうような従来の付添いを改め，親の同伴入院を受け入れる抜本的な制度改革，より広い病室確保，保育士等による遊び支援やプレイルーム整備，ファミリールーム，ファミリーハウス等の設置，同伴家族の日常生活支援や情報提供・相談，経済的・心理的支援制度の充実等が課題である．

4-5条，子どもの発段階に応じたインフォームドコンセントも必要である．子ども・家族への情報提供を促し，医師・看護婦・保育士・教師等が連携できるように，共通言語としてのプリパレーションツールの開発に病院全体で取り組むことがもとめられている．

6条，子どもは小児病棟に入院し，きょうだいやクラスメートの見舞いを受け，7条，あそびや教育の専門スタッフの指導の下，プレイルームや教室において，あそびや学習に完全参加すべきであり，保育・プレイセラピーの提供（医療保険制度のなかで保育士加算等），転校なしの病院内教育への改革（二重籍）等がもとめられている．

さらに，8-10条，子どもたちは，小児専門スタッフ似よって，交替勤務の中でもケアの継続制を確保され，気配りと共感をもってケアされ，プライバシーは常に守られるべきなのである．

「ユニセフ子どもにやさしいヘルスケア・イニシャティヴ」は，子どもが不必要な苦痛から保護される権利と，情報を与えられた上で治療に参加していく権利を実践するためのツールとして現在作成検討中の世界基準である[15,16]．基準1-3は主に家族中心ケア，基準4-7は診療ケアにかかわる．

---

15) Child Friendly Healthcare Initiative, PEDIATRICS Vol.106 No.5 November 2000, 1054-1064.
16) www.childfriendlyhealthcare.org

基準8では，あそびと学習について，プレイリーダーの配置，入院期間が数日以上の子どもを対象に個別教育がもとめられている．基準9-12は健康評価，虐待対策，スタッフ，母乳哺育支援に関するものである．この世界基準ツールに関する検討もまた重要課題である．

文献

馬場寛，シャンティーン馬場，加藤彰彦（1998）『スウェーデンの社会サービス法／LSS法』樹芸書房．

Department of the Environment (1988) House Adaptations for People with Physical Disabilities, *A Guidance Manual for Practitioners HMSO*.

高齢者のすまいづくりシステム研究委員会編（1993）『日本のハウスアダプテーション建築・医療・保健・福祉の連携による住宅改造のシステム化をめざして』丸善．

高齢者のすまいづくりシステム研究委員会編（1995），『ハウスアダプテーション高齢者・障害者向け住宅改造・住宅ケアのシステム化』丸善．

リーンドクヴィスト, I., フォンオイラー, M., 野村みどり（1998）「プレイセラピー　こどもの病院 & 教育環境」野村みどり編『建築技術』11月，pp. 166-187.

野村みどり編（1997）『バリアフリーの生活環境論第2版』医歯薬出版．

野村みどり編（2001）『バリアフリーの生活環境論第2版』医歯薬出版．

野村みどり，上野義雪ほか（1998）「障害をもつ児童生徒の個別教育計画とハウスアダプテーションに関する研究―建築・教育・医療によるサポートシステム―」『住宅総合研究財団研究年報』25，pp. 165-176.

住田昌二，巽和夫他（1985）『新建築学体系14 ハウジング』彰国社．

総理府編（1995）障害者白書（平成7年版）．

補論

イギリスおよびデンマークにおける
健康・福祉サービス

臼井純子

1　エイジ・コンサーン・イングランド（英国）

　エイジ・コンサーン・イングランド（Age Concern England）は，第2次世界大戦中に，戦時下の高齢者の生活を支援するために設立された「Committee for the Welfare of the Aged」にその起源をもつ．エイジ・コンサーン・イングランドは，高齢者の生活を支援するための1,400の地域別組織と25万人[1]のボランティアのネットワークをもつ，連合王国イングランド地域における最大の非営利組織である．

　エイジ・コンサーン・イングランドは，イングランド地域内各地に拠点をもつ多くの地区組織の連絡組織として機能している．これらの地区組織はエイジ・コンサーン組織（Age Concern Organizations：ACOs）あるいは高齢者福祉委員会（Old People's Welfare Committee：OPWCs）と呼ばれ，主要な市町村，大都市，郡などのエリアを管轄している．各地区組織はそれぞれ独自の憲章と基金，運営組織（理事会および事務局）をもち，少数の有給スタッフと，平均してその5倍の人数のボランティアによって運営されている．

　エイジ・コンサーン・グループの各地区組織は，その地区に住む高齢者が可能な限り他に依存しない生活を送るために，高齢者向け公共サービス利用のためのアドバイス，高齢者のニーズの把握，ホームヘルプ，食事宅配（Meals-on-Wheels）など直接的な社会サービス，高齢者の利益を保障するためのキャンペーン活動，地元の社会福祉局などの公的・私的機関に対する高齢者の代弁，これらの活動に必要な資金を集めるための募金活動を行っている．

　エイジ・コンサーン・イングランドにおける1998年度の収入，約2690万ポンドの内訳は，関連事業会社からの収入（27％），寄付（34％），事業収入（12％），チャリティショップ400店の売上（16％），政府の補助金

　　1）　地域別組織およびボランティア数は2000年のACEの公表数値に準拠している．

（8％），投資収入（3％）となっている．

収入の27％をしめる関連事業会社のなかでも，エイジ・コンサーン保険サービス（Age Concern Insurance Services：ACIS）は，連合王国で最大の保険会社のひとつであり，高齢者のニーズと特性に基づいた住宅・家財保険，自動車保険，旅行保険，ペット保険，傷害保険，自動車故障サービスなどさまざまな保険サービスを提供している．

主要な取り扱い保険商品の特徴的な例を紹介すると，

住宅・家財保険

一般の住宅・家財保険は高価であり，多くの高齢者は加入に消極的である．最近ACISが行った調査によれば，世帯主が55歳以上の高齢者世帯のほぼ4分の1が住宅・家財保険に全く加入していないか，不十分な保険しかかけていない．しかし，現実の高齢者は家財を注意深く扱うため保険金を請求することが少なく，また在宅時間が長いため窃盗にあう危険性も低い，リスクの少ない人びとである．

こうした高齢者の特性を考慮して，ACISは，より低い保険料でより大きな安心を約束する，高齢者のための2種類の住宅・家財保険を提供しており，多くの加入者を獲得している．ひとつは年齢55歳以上の人びとのための「ジュビリー」，もうひとつは年齢60歳以上の人びとのための「スタンダード」である．これらは保険金の最低補障金額（minimum insured sum）を下げることによって保険料を抑えている．ジュビリーの最低補障金額は5,000ポンド，スタンダードは6,000ポンドである．どちらのプランの加入者も，国内で毎日24時間無料のヘルプライン（法律的な相談も可能）を利用できる．全国200以上のエイジ・コンサーン・グループ地区組織にACISの保険担当者が駐在しており，保険内容の説明，アドバイス，保険金請求の手伝いをしている．

自動車保険

通常55-65歳になると自動車保険料は安くなるが，高齢者による自動車の運転は危険であるという偏見から，それ以上の年齢になると健康不安を

前提とした割増料金や医師の診断書の提出が要求される．しかし，ACISの調査によれば，55歳以上の人びとは所有物を大事に扱い，運転経験も豊富で運転中も注意深く，また請求保険金額を水増しする危険性も低い，より保険リスクの少ない人びとである．

ACIS の自動車保険は，加入者を 55 歳以上の年齢グループに限定し，高価な販売支店網をもたないことで，保険料の大幅な引き下げを可能にしている．また保険契約の際には ACIS が老化の自動的な結果であるとみなす全ての健康状態と病気は無視されるので，例えば高血圧や関節炎，軽度の卒中を経験したことのある高齢者にとって有利な保険である．

また，直営サービスとして，緊急通報サービス，遺言状作成サービスや高齢者福祉関係者のための教育訓練サービス等を行っている．

エイジ・コンサーンでは，一般の民間営利企業と，5,000-10万ポンドの寄付あるいは共同事業（パートナーシップ）を行っている．企業はエイジ・コンサーンの協力を通じ，自社の活動を，全国であるいは特定の地域で告知することができる．エイジ・コンサーンは，企業に参加を呼びかけ，また協力を申し入れてくる企業の目的や関心に応じ適切なプロジェクトへの参加をアレンジしている．主要な共同事業は，B & Q Hands-on Training Scheme（ボランティア向けの実習訓練プログラム），Unigate Age Resource Awards（高齢者の社会参加を促進するプログラムへの表彰制度），Marks & Spencer による Visiting Scheme（独居老人訪問サービス），Employers' Forum on Age（雇用の年齢差別の解消を目指すフォーラム），British Gas Handyperson Scheme（無料便利屋サービス），BT Age Resource Desk（高齢者の社会参加のための相談窓口）などである．

上記の他に主要な事業のひとつとして，教育訓練，出版に力を入れている．エイジ・コンサーンは，民間企業や公共団体，ボランティア団体の関係者に，介護やマネジメント，その他高齢者に関する特別な教育訓練プログラムを提供している．例えば1996年度は822の短期講座が開催され，9,295人の受講生が参加した．また各地の教育訓練および企業協議会

(Training and Enterprise Council；地方自治体と地元の商工会議所などが共同で運営する民間の非営利企業）から受託したプログラムには992人の社会人と466人の青少年が参加した．エイジ・コンサーンはこの他にも政府や政策立案者と共同で，イギリスにおける介護サービス産業における将来の教育訓練制度のあり方について検討を行っている．

　出版の分野では，家計，健康，介護など高齢者の生活や福祉に関する100冊以上の書籍や小冊子，高齢者政策や高齢者研究についての学術書・専門書を刊行している．1996年度は，15冊が新しく刊行され，10万部以上を販売した．なかでも高齢者の権利をわかりやすく解説した『Your Rights』は，初版以来25年間毎年改訂される260万部のベストセラーである．また，ロンドン大学（University of London）のキング・カレッジ（King's College）と共同で，老化と老年についての学際的な研究領域である老年学（Gerontorogy）の研究を行うエイジ・コンサーン老年学研究所（Age Concern Institute of Gerontorogy：ACIOG）を運営している．

　上記のような事業から得た年間収入の約20％を，地区組織やさまざまな団体に，高齢者福祉サービスのための助成金およびローンとして交付するのもエイジ・コンサーンの主要な役割である．助成金は，個人や企業・基金からの寄付によってまかなわれており，1996年度には約421万ポンドが交付された．エイジ・コンサーンでは地区組織の活動支援のために，2つのローン（融資）プランも提供している．最近の主要な助成金は，介護活動助成金，開発資金助成金，事業活動助成金，クラブ活動助成金，ボランティア活動助成金，リトルウッズ・ロタリー助成金，ローンプランは，事業投資ローン，ショップローン等である．

2 全国介護ホーム協会（英国）

全国介護ホーム協会（National Care Homes Association）は 1982 年に民間の介護ホームの所有者たちによって設立された同業者団体であり，民間ホームにおける介護サービスのクオリティとスタイルの改善に向けて，政府や政策立案者への働きかけを行っている．今日では加盟している民間介護ホームは 3,000 カ所を超えており，そのなかにはレジデンシャルホーム，ナーシングホーム，学習障害者のための介護ホーム，その他の専門的介護ホームなどが含まれている．また民間営利企業の運営するホームだけでなく，ボランティア団体の運営する非営利のホームも含まれている．

全国介護ホーム協会が行う主な活動としては，①介護ホーム経営基準（Code of Conduct）と住民憲章（Residents' Charter）の設定，②教育訓練分野での活動，③①と②の活動と平行し，教育訓練分野での政治活動にわけられる．

介護ホーム経営基準では，全国介護ホーム協会は，個々の介護ホームにおける独自の経営理念や経営方針とは独立して採用できる，介護サービスのクオリティ維持・向上のための基準である「介護ホーム経営基準」および「介護ホーム住民憲章」を制定し，普及につとめている．

教育訓練プログラムでは，独自にプログラムの提供はしていないが，介護サービスに関連するさまざまな教育訓練機関に参加し，それらに対して教育訓練用の資料や資源を供給している．このほか全国介護ホーム協会は各地の地域協会による地域アセスメントセンターの設立を支援している．その内容は，

(1) 介護およびそれに関連する分野における，商業的あるいは公的補助によるさまざまな教育訓練コースについての情報を収集・精査し，承認を与える．

(2) 協会加盟メンバーに対して以下のような教育訓練支援サービスを提供する．

a) 教育訓練コースについての情報データベースを構築する．
b) 教育訓練専門誌「トレーニング・ワールド（Training World）」誌上での教育セミナーを開催する．
c) 協会の訓練担当者および協会ニュースレターでメンバーの問い合わせに対応する．
d) 各種の教育訓練サービスおよびそのための補助金の利用に向けた，各地域協会のロビー活動を支援する．
e) 各地の教育訓練に関する不適切な要件の廃止に向けた，各地域協会のロビー活動を支援する．
f) 介護ホームのための教育訓練マニュアルを作成し，介護ホーム所有者による独自の教育訓練コースの実施，および外部の教育訓練コースの評価を支援する．
g) 介護ホームの経営の指針となる各種書籍・資料，ガイダンス，および書類様式集を作成する．
h) 専門的なテーマについての教育用小冊子を作成する．

教育訓練分野での政治活動では，上記の活動と並行して，介護教育を公式の教育科目の一部として単位を認証するなど，以下のような一般的な教育制度の変革に向けて，教育大臣および教育省に対してロビー活動を行っている．

a) 自らのキャリアとして介護職を志す人々に対して，教育訓練への資金的補助を拡大する．
b) 新規学卒者に対して，介護職を正当な職業として認知させる．
c) 学校のシラバス，とりわけ職業選択に影響を与える後期課程のシラバスにおいて，介護職を正当な職業として表記させる．
d) 学校における経済関連の教育科目のなかで，連合王国における介護産業を数十億ポンドの市場規模をもつ巨大な雇用の場として正当に認知させる．
e) 連合王国内の全地域において，学校の正式な職業訓練コースのひと

つとして介護職コースを設置し，それを通じてクオリティの高い就職斡旋を行う．
- f) 介護職の社会的認知を，キャリアとしての「最低・最後の選択肢」から，より高い社会地位をもつ望ましい選択肢へと向上させる．
- g) 全国介護ホーム協会は職業基準評議会（Occupational Standards Council）への参加を通して，介護職の業務内容および行動規範についての全国的な基準の開発に積極的に取り組んでいく．

等である．

　全国介護ホーム協会の Scheila Scott 事務局長（1997 年時）によれば，近年多くの介護ホームは政府の予算緊縮の動きのなかで，とりわけキャッシュフロー面で苦しい経営を強いられている．独立の介護ホームのなかには経営困難に陥り，複数のホームを運営する大手業者に吸収されるものもでてきている．新たな労働党政権は，今後介護ホームの登録・監査の仕組みの見直しを通じて，介護サービスの質の維持・向上への取り組みを一層進めることが予想される．全国介護ホーム協会では，今後も上述のような活動を通じて加盟ホームの拡大につとめ，連合王国における介護ホームのクオリティー向上計画を推進していく．全国介護ホーム協会の 1996-97 年の重点活動目標は以下の通りである．

- a) すべての加盟介護ホームに影響を与えている資金繰り難への対応．
  - ①料金構造調査の実施．
- b) 加盟介護ホームへの支援．
  - ①調査結果への対応．
  - ②継続中の「ケア・ディレクティブ」についてのモニタリング．
  - ③会報「ニュースレター」を通じたメンバーとの連絡の強化．
    　　（ニュースレターの形式およびサイズの再検討）
  - ④全国介護ホーム協会の専門家チームの強化．
  - ⑤加盟介護ホームによる什器・備品購入へのサポート．

補論　イギリスおよびデンマークにおける健康・福祉サービス　　　157

　　c)　加盟介護ホームメンバーの拡大.
　　d)　地域介護ホーム協会への支援.
　　　　①全国介護ホーム協会の各地域協会における認知度の向上.
　　　　②各地域協会と全国介護ホーム協会経営委員会との連動強化.
　　　　　（各地域協会代表者の経営委員会へのオブザーバー参加）
　　　　③各地域におけるロビー活動の支援.
　　e)　ロビー活動.
　　　　①各地域におけるロビー活動を強化.
　　f)　教育訓練.
　　　　①介護ホーム経営者へのメディア教育.
　　　　②介護教育の分野での功労者への「Investors in People Quality
　　　　　Award」の授与.
　　g)　登録および監査.
　　　　①人員確保に関する問題の明確化.

3　全国コミューン連合（デンマーク）

　デンマーク全国コミューン連合（National Association of Local Authorities in Denmark：略称NALA）は，デンマークにおけるすべての地方自治体（コミューン：Kommune）の利益・地位向上を目的とする全国的な支援組織である．NALAは各コミューンにおける民主政治の推進を支援する国政レベルの強力な代弁者であり，各コミューンの行政サービスのクオリティー向上に役立つインフォメーションやアドバイス，コンサルティングサービスを適正なコストで提供している．NALAは1970年に行われた地方自治体改革の結果のひとつとして誕生した組織である．この改革ではそれまで全国に1,300以上あった地方自治体がわずか275に統合された．統合によって成立した広域自治体が抱える新たな行政課題への対応を支援するため，都市連合，町村連合，郡連合の3つの地方自治体連

合が合併してNALAが設立された．現在では県レベルの行政権限および機能をもつコペンハーゲン市とフレデリクスボー市を除き，それ以外のすべての地方自治体がNALAに加盟しており，この体制によって最小規模の地方自治体でもNALAの優れたサービスを利用することができる．

NALAによる地方自治体の利益代表活動

NALAは地方自治体の国政レベルでの代弁者であり，議会，政府とそのアドバイザー，EU，他の利益団体，そして一般大衆に対して，地方自治体の利益代表としてさまざまな働きかけを行っている．また公共政策の分野における戦略的な重要課題から具体的なアプリケーションに至るまで，地方自治体のすべての関心事をサポートしている．

大規模な雇用者であると同時に人事および雇用に関する専門家でもあるNALAは，全国30万人以上の地方公務員の賃金や勤務条件についての公務員組合との交渉を地方自治体から委託されている．

また，NALAは加盟自治体の利益代表組織として，政府および政治，金融，マネジメントの各分野における利害関係組織への働きかけを行っている．各地方自治体はNALAに，中央政府やさまざまな公務員組合，その他の利害関係組織の活動に対する問題提起を自由に要請することができる．NALAはその要請を理事会で審議し，承認された要請については，望ましい結果が保証されるよう，適切な大臣，議会，政府機関，他の利益団体に対してロビー活動を行う．

デンマークの地方自治体による政策の策定と導入のプロセスは，地方自治体とNALA双方の専門家と政治家の協力を通じて進められている．NALAは中央政府の官僚と広範な協議を行い，このプロセスで必要とされる情報を提供する．公共政策の導入・運営についての実務経験を持つ地方自治体スタッフは，さまざまなワーキンググループや連絡協議会への参加を通じてこのプロセスに重要な貢献をする．またさまざまな地方自治体管理職組合の代表者もこのプロセスに参加する．NALAは，委員会ある

いは理事会レベルで何らかの決定が行われる前に，地方自治体とおよび他の自治体間横断組織から直接のコメントと貢献を得るように働きかけを行う．こうした共同作業の過程は，NALA の理事会メンバーによる意思決定，および NALA の最高決議機関である総会（General Assembly）への理事会のアドバイスに反映される．理事会は NALA の利益代表活動に政治的な支援を提供する．

　すべての法律，政令，政府回報やガイドラインは，容易に実施できるよう簡潔であることが求められ，地方自治体に対して新しい管理上の負担や出費を押しつけることは許されない．NALA は原則として地方自治体に影響を与えるすべての法律や規制の制定に関与しており，地方自治体の業務領域における新しい規則や業務の準備に関与する多数の委員会に地方自治体の代表として参加している．また NALA は地方自治体の業務に関連するすべての主要な領域における高度な専門的知識を保有しており，地方自治体は必要なときにはそのサポートを受けることで，中央政府の各省庁および他のさまざまな組織に対して事実に基づいた批判とコメントを提出することができる．この点については，NALA は地方自治体の実務担当者と政治家の専門的知識に大きく依存している．

　NALA は通常，さまざまな法制化のための意思決定プロセスに，非常に早い段階からの参加を要請し，結論に至るまでそのプロセスをフォローする．その過程でもし必要であれば，直接議会あるいは関係省庁への働きかけを行う．また，NALA は包括的な政策提案を含むさまざまなコンサルテーション・ペーパーを多くの関係者に送付することで，政策論議における発言権を獲得し，制定される法律に影響を与えることに成功している．

　NALA は，今までの業務経験ノウハウの蓄積や，地方自治体の業務領域における新しい規則や業務の準備に関与する多数の委員会に地方自治体の代表として参加することにより，地方自治体の業務における主要な領域において高度な専門的知識を保有し，地方自治体が必要な時に，中央政府の各省庁および他のさまざまな組織に対して事実に基づいた批判とコメン

トを提出することをサポートしている．NALA のコンサルティングは，各地方自治体の個別のニーズについて提供されるが，それは他の自治体でも利用可能な，新しい業務方式の開発にもつながっている．NALA のサービスは，民間のコンサルティング会社なども参加するオープンで対等な競争市場で提供され，ユーザーである個々の自治体も，自ら資金を調達して，NALA から購入する．よって，提供されるサービスは，ユーザーが実際に必要とし，支払を行えるものに限られる．具体的には，コンサルティングサービス，訓練・情報サービス，ハンドブック，ビデオなどの作成・販売，加盟自治体向けのニュース雑誌および情報資料の作成・販売，行政管理のための諸ツールなどである．NALA がプレゼンスをもつ分野は，金融，組織化とマネジメント，情報技術（IT），賃金政策（Wages Policy），仕事環境（Working Environment）および人事政策（Personnel Policies），管理技術開発（Administrative Development），ビジネス開発政策（Business Development Policy），教育訓練である．NALA では，地方自治体の福祉・保健部門，教育・文化部門，技術・環境部門の業務支援をするためのコンサルティングサービスも提供しており，各コンサルタントは NALA の保有する幅広い専門知識を利用することが可能であり，また彼らがコンサルティングを通じて得た実務経験は，NALA の利益代表機能・活動の強化に貢献している．そのなかで，NALA では，増大傾向にある地方自治体の業務負担を軽減するため，コミューンによる他の自治体との共同事業体の設立を支援している．これらは，営利事業として運営され，私企業と対等の条件で競争するなかで，政治的・行政的なニーズに見合いながら，より廉価で良質の製品あるいは信頼性の高い製品・サービスの継続的な開発，提供を追求する．共同事業体には，地方自治体計算センター（Local Government Computing Centre），コミューンケミ社（Kommunekemi），地方自治体相互保険会社（The Local Authorities Mutual Insurance Company），地方自治体年金保険会社（The Local Authorities Pension Insurance Company Ltd.），地方自治体クレ

ジット連合（The Local Government Credit Association），地方自治体訓練センター（The Local Government Training Centre）がある．

　NALA の主要な目的のひとつには，地方自治体の利益になるように公共の議論に働きかけることがある．つまり，地方自治体のニュースが必要とされる時に利用可能で，さらに利用しやすい書式で準備されている必要がある．NALA の情報部門は最先端の情報技術を駆使して，デンマークのさまざまな新聞に対して短時間で記者発表ができる体制を整えており，現行のさまざまな開発や交渉の進展状況について地方自治体への情報提供を行っている．さらに，地方自治体が各地域固有の情報を独自にまとめて市民に提供できるよう，基礎データの収集のために全国的な組織づくりを率先して進めている．

　さらに，NALA は「Danske Kommune（ダンスク・コミューン）」と呼ばれる週刊誌を発行し，各地域の政治家や行政スタッフに地方自治体の最新情報を提供している．またこのほかに，市長と市議会議員を対象とする「Local Government News & Information」，市長と幹部スタッフを対象とする「Administrative News & Information」のニュースレターを含むインフォメーションブルティンを毎週地方自治体に送付している．その経費は加盟自治体による定期購読契約および広告収入によってまかなっている．

　NALA は，デンマーク国内だけに目を向けているわけではない．デンマークの EU 加盟以来，EU の決定はデンマークの行政，地方自治体の活動に大きな影響を及ぼすようになったため，NALA では，1994 年，ブリュッセルに EU 事務局を設置した．また，近年デンマークの地方自治体モデルへの関心を強め，公共部門の早急な改革に向けてアドバイスと支援を求めている中・東欧の国々に対し，コンサルティング事業の一部として，多くの他の組織・機関や地方自治体，地方自治体首長連合などと共同でプロジェクトを通して，システムの開発に貢献してきた．NALA では，デンマークの地方自治体システムについて学ぶために訪問する外国からのさ

まざまな代表団を常時受け入れている．

4　ロドオア・コミューン（デンマーク）における高齢者審議会

　高齢者審議会は，1980年代の後半から一部のコミューンで設けられるようになった高齢者福祉行政に関する諮問機関であり，高齢者市民から選出された代表数名で組織され，高齢者の生の声をコミューンに伝え，それを行政に反映させることを目的としている．その後こうした動きは，高齢者の全国的なボランティア組織や各地の高齢者クラブ・団体の強い支持を受けて全国に広まり，1997年には高齢者審議会を全コミューンに設置する法案が国会で可決された．この法案では，高齢者審議会はつぎのように定義される．

① コミューン議会は，コミューン議会の高齢者政策に助言を与え，またコミューン議会の高齢者政策を計画する上で市民とコミューン議会の橋渡しの役目を果たす，高齢者審議会を設置する．
②60歳以上の市民に審議会委員の選挙権と被選挙資格が与えられる．
③選挙は最低4年に一度行われる．
④審議会は，最低5名のメンバーで構成される．
⑤審議会の諸経費は，コミューン議会が負担する．

　さらにこの法案では，在宅ケアの配分やサービスの量と質に関する高齢者からの苦情を審議し，これをコミューン議会へ橋渡しするための苦情委員会を設置すること（高齢者審議会から3名，コミューン議会議員から2名をコミューン議会が指名する）や，各種高齢者ケアの判定基準をより明確化して，このプロセスにも利用者の意見や要望が組み込まれるようにすることなどが提案されている．

　現在各コミューンではこの法律に基づいて取り組みを進めているが，高齢審議会が形成されるまでの経過や反応，さらにコミューンと審議会の協力体制などにはかなり違いがある．また最近は医療を担当している県にも

高齢者審議会を設置しようという動きが出はじめている．すでにフレデリクスボルグ県では県下の全コミューンに高齢者審議会が設置されており，1995年10月には，県下各コミューンの高齢者審議会の代表で構成される県高齢者審議会が設置された．最近の医療制度への不満の高まりを背景に，この動きも今後全国の県へと広がっていくと考えられる．

ロドオア・コミューン高齢者審議会の活動

ロドオア・コミューン（Rodovre Kommune；人口3万5,470人）は，コペンハーゲンから西に約8kmにある小規模の住宅都市である．ロドオアはデンマークのなかでは学歴・所得水準の比較的高い中流階級のコミュニティで，第2次大戦後の1940-50年代に宅地化が進み人口が増加した．市内の産業としてはサービス産業のほかに金属，ガラス，木工関係の中小企業が多く，コミューンは中小企業に重きを置いた産業政策を推進している．失業率は全国平均より少し低く，7％程度である．1997年のロドオアの60歳以上の人口は9,000人（総人口比25％）で，このうち65-79歳は5,456人（総人口比15％），80歳以上は1,362人（総人口比4％）と高齢化が進んでおり，高齢者福祉分野における行政サービスの高度化に熱心に取り組んでいる．現時点の予測では，2009年には総人口3万4,316人のうち65-79歳が4,571人（総人口比13％），80歳以上が1,828人（総人口比5％）となる見通しである．

また在宅介護を受けていない75歳以上の高齢者には，予防のため年2回，訪問看護婦による戸別訪問が行われている．この制度は10年ほど前にロドオアで実験的に始められたもので，入院やプライエムへの入居を遅らせる効果が認められたことから，最近では全国で導入されている．

ロドオア・コミューンでは，他の自治体に先駆けて1988年に「高齢者審議会」が組織され，現在も活発に活動している．ロドオアの審議会は現在15人の委員で構成されており，60歳以上の市民が選挙権および被選挙

権を有する．以前は市役所やプライエム投票所となっていたため，投票率は有権者の 9% 程度と低迷していたが，97 年の選挙から投票用紙の郵便による送付・返送の方式に切り替えたところ，投票率は 41% と大幅に上昇した．（デンマークにおける自治体選挙の投票率は平均 60-65%，国政選挙は 80-85% である.）9 万クローネの審議会委員選挙の費用はコミューンが負担しており，また当選した委員は，市の負担で全国組織である介護組織共同委員会の主催する教育プログラムなどを受講することができる．

　ロドオアの高齢者審議会の活動は，市から支給される年間 3 万クローネの補助金によってまかなわれている．審議会の事務局は市役所におかれており，さまざまなコミューンの設備を利用することができる．審議会は高齢者政策に関する市長やコミューン議会からの諮問に答えるほかに，年 4 回行われる高齢住民へのアンケート調査をふまえて，行政にさまざまな申し入れも行っている．こうした申し入れによってこれまでに実現した新たな高齢者サービスとしては，コミューンによる買い物サービスやハウスクリーニングサービスなどがある．

　行政サービスに対する高齢者の苦情を受けつける苦情委員会は，審議会の最も重要な部門のひとつであり，高齢者審議会委員 3 名，自治体代表 2 名，訪問看護婦代表 1 名から構成されている．苦情委員会では現在，最近国によって導入された，コミューンと利用者が行政サービスの利用に関して事前に契約を結ぶ制度の問題点について検討を進めている．

　ロドオアの高齢者審議会は，市役所やコミューン議会からの諮問への答申を通じて，プライエムや高齢者住宅の建設計画にも大きく関与している．現在ロドオアでは，高齢者審議会の意見を大きく取り入れた，バリアフリーの新しい高齢者住宅の建設が急ピッチで進められている．現在計画中の 60 軒の高齢者住宅のうち，31 軒が住宅公団によるもので，残りは高齢者審議会が主体的に関与しているオレコレ（高齢者共同住宅）である．

　審議会のこのほかの活動としては，新たに 67 歳（定年）を迎えた高齢者を招待して年金制度などについての情報提供を行う「退職準備セミナー」

(年2回開催)や,市内の高齢者を対象としたパーティーやピクニックなどのイベントの開催が挙げられる.98年1月に行われた新年会には1,300人の高齢者が参加し,また98年夏に計画されているピクニックは,1日300人ずつ6日間,計1,800人の参加を見込む大がかりなものである.これらのイベントについては,食事や飲み物は行政が負担し,参加者の費用負担は最小限に抑えられている.このほか日常的に,市民体育館でのテニス,バドミントン,体操や,プライエム内のアクティヴィティセンターでのゲーム,プライエム内のカフェテリアやデイセンターなどでの食事会など,市内の高齢者にさまざまなレクリエーションの機会を提供している.

審議会委員によれば,ロドオアの高齢者審議会は,単なる高齢者の利益代表や苦情受付窓口ではなく,「2人会うと組織ができる」デンマークの文化に根ざす運動のひとつである.それは高齢者固有の知識や経験を活かした自治体への専門アドバイザーであり,同時に,高齢者が過去の納税者として,市政全体を考えて積極的に発言(アドボカシー)し行政監査(watchdog)や批判を行う,「もうひとつの自治体」として機能している.現在の制度では,審議会自体の予算は限られており,その理念や目標を実現するためには行政への働きかけによる以外に手段がないため,審議会では過去に組織での職業経験のある人が活躍しているケースが多い.また,これから高学歴で肉体的にも精神的にも活発な高齢者が増加するなかで,ますます個性化・多様化していく高齢者の行政サービスへのニーズを,どのようにとりまとめて政策や行政に反映させていくかが,高齢者審議会の今後の重要な課題となる.

文献

Centre for Policy on Ageing (1996) *A Better Home Life: A code of good practice for residential and nursing home care*, Centre for Policy on Ageing.

Hodgekinson, J. (1988) *Home Work: Meeting the needs of elderly people in residential home*, Centre for Policy on Ageing.

金森久雄・島田晴雄・伊部英男編 (1992)『高齢化社会の経済政策』東京大学出

版会.

金森久雄・伊部英男編（1990）『高齢化社会の経済学』東京大学出版会.

小島ブンゴード孝子・澤渡夏代ブランド（1996）『福祉の国からメッセージ―デンマーク人の生き方・老い方』丸善ブックス.

Laing and Buisson (1998) *Care of Elderly People Market Survey 1997*, Laing and Buisson.

Lishman, J. (1994) *Communication in Social Work*, Macmillan Press.

マークス寿子（1995）『「ゆりかごから墓場まで」の夢醒めて―私が体験した英国の社会福祉・老人問題』中央公論社.

宮澤健一（1992）『高齢化産業社会の構図』有斐閣.

宮島洋（1992）『高齢化時代の社会経済学』岩波書店.

中山博文（1994）『老いを自分の家ですごしたい―デンマークの老人医療と社会福祉』保険同人社.

岡本祐三（1996）『高齢者医療と福祉』岩波新書.

岡沢憲芙（1994）『おんなたちのスウェーデン―機会均等社会の横顔』日本放送出版協会.

大山博・武川正吾編（1991）『社会政策と社会行政　新たな福祉の理論の展開をめざして』法律文化社.

佐藤進（1992）『世界の高齢者福祉政策』一粒社.

スノードン, P.・大竹正次（1997）『イギリスの社会―「開かれた階級社会」をめざして』早稲田大学出版部.

Smith, T., *Managing Health and Social Care*, Macmillan Caring Series.

隅谷三喜男・日野原重明・三浦文夫　監修（1993）『長寿社会総合講座（全10巻）』第一法規出版.

ウォーカー, A.（1997）『ヨーロッパの高齢化と福祉改革』ミネルヴァ書房.

山井和則（1991）『体験ルポ　世界の高齢者福祉』岩波新書.

八代尚宏編（1997）『高齢化社会の生活保障システム』東京大学出版会.

読売新聞社編（1997）『超高齢時代―豊かな人生をデザインする』日本医療企画.

索　引

ア行

IEF 個別教育計画　140
IFSP 個別家族支援計画　139
ITP 個別移行計画　140
アイデンティティ　100
アウトソーシング　94
あそび　144
新しい学習・知識観　118
新しいコミュニティ　42
アドボカシー　20, 105, 165
異質排除　106
依存効果　10
一級労働者　97
イネイブラー　16, 22
異文化　101
医療と福祉の比較　33
インフレキシビリティ　11
ヴァーチカルリフト　132
母乳車移動　146
エイジ・コンサーン・イングランド　111, 150
エイジ・コンサーン保険サービス　151
エコマネー　41
SSM 調査　54, 72
NHS 改革　28
M 字型　75
エンパワーメント　20, 105
オン・ザ・チャンス・トレーニング（OCT）　110

カ行

会員制有償ボランティア　41
外国人　93, 98, 101
介護の想像力　82
介護福祉サービス　72
介護保険　58-60

介護ホーム経営基準　154
階層差　60
階層の移動　97
ガイドヘルプ　131
外部不経済　66, 67
賢い消費者　93
カフェテリアプラン　69
加盟自治体の利益代表組織　158
環境衛生監視員　133
企業社会　68
擬似市場　32, 35
共助　42
行政監査　165
共創関係　101
近代の徹底　102
苦情委員会　164
繰り出し梯子理論　15
クリーム・スキミング　37
グリーン・コンシューマリズム　68
グローバル化　4
ケア　30
ケア　アンド　リペア　136
ケアマネージャー　71
経済的市場　10
ケーススタディ　137
郊外市場　93
合計特殊出生率　67
公私の役割分担　15, 28
公助　42
厚生年金　62
高度成長期　53
高齢化　4, 5, 52, 61
高齢社会　63, 74, 93
高齢者雇用　92
高齢者審議会　162
高齢者福祉委員会　150
国際化　4
国際競争力　95

国勢調査　52, 55
国内労働市場　95
個人単位税制　65
コーディネーター　21
個別ケア　140
コミュニティケア　28, 142
コミューン議会　162
コンサルティングサービス　160

サ行

財政と供給　28
作業療法士　133
参加　19
Jカーブ仮説　55
自助　42
市場のメカニズム　95
実践共同体　117, 118
児童手当　64
社会資本　134
社会政策　53
社会的カテゴリー　116
社会的絆　105
社会的市場　10
住宅改善機関　135
住宅の性能基準　132
住民憲章　154
（専業）主婦　53, 54, 56, 59, 75, 94
　　──世帯　55
　　──の誕生　53
　　──優遇　57
少子化　52, 67, 97, 106
職場の確保　63
障害者　98
障害者施設補助金　134
状況的学習　118
状況的認知　118
小児科　142
情報化　4, 5, 97
情報の非対称性　29, 41
情報保障対策　129
職業能力　95

女性　93, 98, 101
ジョブ・アダプテーション（職種開発）技術　111
シルバーサービス　33, 43
事例研究　87
ジン・レイブ　85
隙間効果　10
ステイングプットスキーム　136
正統的周辺参加　85, 117, 118
セコム　72
説明と同意　21
全国介護ホーム協会　154
選択の自由　20
専門家支配　9
総合化　16
組織間距離のマネジメント　111
組織的知識創造　95, 107
SOHO　117

タ行

大競争時代　8
第三号被保険者（制度）　53, 59, 63, 74
対人社会サービス　30, 42
大都市　55, 56
WHO国際障害分類　126, 128
WTO　4
多文化組織　100, 101, 103, 105, 107, 115
知識創造力　94, 100, 102
知識労働者　97
地方自治体　157
中高年労働者排除システム　92
超高齢化　6
直接参加　20
直接的必要　20
低成長経済　97
低成長期　58
点字床材　129
天井面走行リフター　141
デンマーク全国コミューン連合　157
共働き　56
　　──世帯　55

索　引

共学びネットワーク　120
取引費用　38

ナ行

内部市場　32
二級労働者　97,99
ニーズ発見　137
日本の将来推計人口　52,61
人間工学　128
ネストヴェ市　107,113
年功序列資金　58
年齢基準原理　107

ハ行

配偶者控除　53,57,63,64
配偶者への優遇措置　53
ハウスアダプテーション　127
パーソナルアシスタント　141
パターナリズム　11
パートタイマー型介護労働者　78
ハートビル法　126
反省的実践家　83
ハンディキャップ（社会的不利）　127
病院のこども憲章　143,146,147
不安の時代　102
福祉国家
　───と福祉社会の協働　14
　───の危機　8
　───の限界　13
福祉の公私分離原則　35
福祉労働力　69
プリパレーション　128,145
プリンシパル-エージェント　37
フルタイム型労働者　71
プレイセラピー　142,145
プレイルーム　146
プロバイダー　22
平行棒理論　15

ベヴァリジ報告　6
ベネッセコーポレーション　69,72,73
歩行訓練　131
保護撤廃　64
補助金　53,135
ポストモダン家族　7
ホームヘルパー　70
ボランタリズム　11
ホンダ太陽　107

マ・ヤ行

マイノリティ　103
学び会う共同体　111,118,120
無償労働　10
メリット財　43
もうひとつの自治体　165
ユニセフ子どもにやさしいヘルスケア・イニシャティヴ　147
ユニバーサル・デザイン化　119
ゆるやかな時間　80

ラ・ワ行

ラベリング　105
離婚　58
　───率の上昇　57
リサイクル
　───コスト　66,67
　───システム　66
　───プロセス　66
　───問題　66
リストラクチャリング　94
連続的な人間の生活　81
労働市場の階層文化　97
労働力
　───再生システム　75
　───再生産システム　52,59,66
ロドオア・コミューン　163
ワーカーズコレクティブ　70,73

執筆者一覧 (所属は執筆時)

京極 高宣	日本社会事業大学
武川 正吾	東京大学大学院人文社会系研究科
広井 良典	千葉大学法経学部
瀬地山 角	東京大学大学院総合文化研究科
高木 光太郎	東京学芸大学海外子女教育センター
川村 尚也	大阪市立大学大学院経営学研究科
野村 みどり	東京都立保健科学大学保健科学部
臼井 純子	株式会社富士通総研シニアマネジングコンサルタント

編者略歴

京極　高宣（きょうごく　たかのぶ）
1942年　東京に生まれる
　　　　東京大学大学院経済学研究科博士課程修了
現　在　日本社会事業大学学長

主要著書
『社会資本の理論』（共著）（時潮社，1984年）
『長寿社会の戦略』（第一法規出版，1987年）
『現代福祉学の構図』（中央法規出版，1990年）
『改訂　社会福祉学とは何か』（全国社会福祉協議会出版部，1998年）
『21世紀型社会保障の展望』（法研，2001年）他多数

武川　正吾（たけがわ　しょうご）
1955年　東京に生まれる
　　　　東京大学大学院社会学研究科博士課程単位取得退学
現　在　東京大学大学院人文社会系研究科助教授

主要著書
『地域社会計画と住民生活』（中央大学出版部，1992年）
『福祉国家と市民社会』（法律文化社，1992年）
『福祉社会の社会政策』（法律文化社，1999年）
『社会政策のなかの現代』（東京大学出版会，1999年）

高齢社会の福祉サービス

2001年5月31日　初　版

［検印廃止］

編　者　京極高宣・武川正吾

発行所　財団法人　東京大学出版会
代表者　五味文彦
　　　　113-8654 東京都文京区本郷 7-3-1 東大構内
　　　　電話 03-3811-8814・振替 00160-6-59964

印刷所　大日本法令印刷株式会社
製本所　誠製本株式会社

© 2001 Takanobu Kyogoku and Shogo Takegawa, *et al.*
ISBN 4-13-050147-X　Printed in Japan

Ⓡ〈日本複写権センター委託出版物〉
本書の全部または一部を無断で複写複製（コピー）することは，著作権法上での例外を除き，禁じられています．本書からの複写を希望される場合は，日本複写権センター（03-3401-2382）にご連絡ください．

武川正吾 著	社会政策のなかの現代		A5・4800円
武川正吾 佐藤博樹 編	企業保障と社会保障		A5・4600円
藤田至孝 塩野谷祐一 編	企業内福祉と社会保障		A5・5500円
社会保障研究所編	社会福祉における市民参加		A5・4800円
W.A.ロブソン 著 辻 清明 星野信也 訳	福祉国家と福祉社会		46・2400円

武川正吾 塩野谷祐一 編	イギリス	先進諸国の社会保障1	A5・5200円
小松隆二 塩野谷祐一 編	ニュージーランド オーストラリア	先進諸国の社会保障2	A5・5200円
城戸喜子 塩野谷祐一 編	カナダ	先進諸国の社会保障3	A5・5200円
古瀬 徹 塩野谷祐一 編	ドイツ	先進諸国の社会保障4	A5・5200円
丸尾直美 塩野谷祐一 編	スウェーデン	先進諸国の社会保障5	A5・5200円
藤井良治 塩野谷祐一 編	フランス	先進諸国の社会保障6	A5・5200円
藤田伍一 塩野谷祐一 編	アメリカ	先進諸国の社会保障7	A5・5200円

ここに表示された価格は本体価格です．御購入の際には消費税が加算されますのでご了承下さい．